16	3	2	13
5	10	11	8
9	6	7	12
4	15	14	1

Georges Perec

ESPÉCIES DE ESPAÇOS

Posfácio
Jean-Luc Joly

Tradução
Daniel Lühmann

editora 34

EDITORA 34

Editora 34 Ltda.
Rua Hungria, 592 Jardim Europa CEP 01455-000
São Paulo - SP Brasil Tel/Fax (11) 3811-6777 www.editora34.com.br

Coleção *La Librairie du XXIe Siècle* sob a direção de Maurice Olender

A tradução deste livro foi iniciada no contexto da residência La Fabrique des Traducteurs no Collège International des Traducteurs Littéraires (Arles), em 2015.

Imagem da capa:
Datiloscrito de Georges Perec, sem data

Capa, projeto gráfico e editoração eletrônica:
Franciosi & Malta Produção Gráfica

Revisão:
Fabio Furtado, Raquel Camargo, Alberto Martins

1ª Edição - 2025

CIP - Brasil. Catalogação-na-Fonte
(Sindicato Nacional dos Editores de Livros, RJ, Brasil)

Perec, Georges, 1936-1982
P595e Espécies de espaços / Georges Perec; posfácio de Jean-Luc Joly; tradução de Daniel Lühmann. — São Paulo: Editora 34, 2025 (1ª Edição).
216 p.

ISBN 978-65-5525-251-4

Tradução de: Espèces d'espaces

1. Literatura francesa. I. Joly, Jean-Luc. II. Lühmann, Daniel. III. Título.

CDD - 840

ESPÉCIES DE ESPAÇOS

Nota, *Georges Perec* 7

Prólogo 13
A página 19
A cama 29
O quarto 37
O apartamento 47
Portas, 62 — Escadas, 64 — Paredes, 65
O prédio 67
A rua 77
O bairro 93
A cidade 99
O campo 111
Sobre o movimento, 117
O país 119
O mundo 125
O espaço 131
Sobre as linhas retas, 134 — Medidas, 135 — Brincar com o espaço, 138 — A conquista do espaço, 140 — O inabitável, 145 — O espaço (continuação e fim), 148

Inventário de algumas das palavras utilizadas nesta obra 151

Notas da edição brasileira 155

Espaço de espécie (pós-espaço), *Jean-Luc Joly* 161

Espécies de espaços (caderno de inéditos) 175

Sobre o autor 213
Sobre o tradutor 215

OU, SE PREFERIRMOS:

PRIMEIRO ATO

Uma voz (*off*): Ao norte, nada. Ao sul, nada. A leste, nada.
A oeste, nada.
Ao centro, nada.
Descem as cortinas. Fim do primeiro ato.

SEGUNDO ATO

Uma voz (*off*): Ao norte, nada. Ao sul, nada. A leste, nada.
A oeste, nada.
Ao centro, uma tenda.
Descem as cortinas. Fim do segundo ato.

TERCEIRO E ÚLTIMO ATO

Uma voz (*off*): Ao norte, nada. Ao sul, nada. A leste, nada.
A oeste, nada.
Ao centro, uma tenda
e,
diante da tenda,
um ordenança lustrando um par de botas
COM CERA MARCA "LION NOIR"!

Descem as cortinas.
Fim do terceiro e último ato.

(Autor desconhecido.
Aprendido por volta de 1947, rememorado em 1973.)

OU ENTÃO, AINDA:

Em Paris, tem uma rua;
nessa rua, tem uma casa;
nessa casa, tem uma escada;
nessa escada, tem um cômodo;
nesse cômodo, tem uma mesa;
sobre essa mesa, tem uma toalha;
sobre essa toalha, tem uma gaiola;
nessa gaiola, tem um ninho;
nesse ninho, tem um ovo;
nesse ovo, tem um pássaro.

O pássaro derrubou o ovo;
o ovo derrubou o ninho;
o ninho derrubou a gaiola;
a gaiola derrubou a toalha;
a toalha derrubou a mesa;
a mesa derrubou o cômodo;
o cômodo derrubou a escada;
a escada derrubou a casa;
a casa derrubou a rua;
a rua derrubou a cidade de Paris.

Canção infantil da região de Deux-Sèvres
(Paul Éluard, *Poésie involontaire et poésie intentionnelle.*)

A PÁGINA

Escrevo para me percorrer
Henri Michaux

1

Escrevo...

Escrevo: escrevo...
Escrevo: "escrevo..."
Escrevo que escrevo...
etc.

Escrevo: traço palavras sobre uma página.
Letra a letra, um texto se forma, se afirma, se firma,
se fixa, se fossiliza:
uma linha quase estritamente h
o
r
i
z
o
n
t
a
l
se deposita sobre
a folha branca, preteja o espaço virgem, lhe dá um sentido,
um vetor:

da esquerda à direita

d
e

a
l
t
o

a

b
a
i
x
o

Antes, não havia nada, ou quase nada; depois, não tem grande coisa, alguns signos, mas que bastam para que haja um alto e um baixo, um começo e um fim, uma direita e uma esquerda, uma frente e um verso.

2

O espaço de uma folha de papel (modelo regulamentar internacional, usado em repartições públicas, à venda em todas as papelarias) mede 623,7 cm². É preciso escrever um pouco mais de dezesseis páginas para ocupar um metro quadrado. Supondo que o formato médio de um livro seja de 21 x 29,7 cm, seria possível, desmontando todas as obras impressas conservadas na Biblioteca Nacional da França e dispondo cuidadosamente as páginas umas ao lado das outras, cobrir inteiramente seja a ilha de Santa Helena, seja o lago Trasimeno.

Seria possível também calcular o número de hectares de florestas que tiveram de ser abatidas para produzir o papel necessário para a impressão das obras de Alexandre Dumas (pai), que, vale lembrar, mandou construir uma torre na qual cada pedra trazia gravado o título de um de seus livros.

3

Escrevo: habito a minha folha de papel, faço investidas e me ponho a percorrê-la.

Provoco *brancos*, *espaços* (saltos de sentido: descontinuidades, passagens, transições).

Escrevo
na
margem...

Sigo

à risca. Remeto a uma nota de rodapé.*

Mudo de folha.

* Adoro as remissões ao pé de página, mesmo que não tenha nada de específico para tratar.

4

São poucos os acontecimentos que não deixam pelo menos um rastro escrito. Quase tudo, uma hora ou outra, passa por uma folha de papel, uma página de caderno, uma folhinha de agenda ou qualquer outro suporte improvisado (um bilhete de metrô, a margem de um jornal, um maço de cigarros, as costas de um envelope etc.) sobre o qual se inscreve, em velocidade variável e com diferentes técnicas de acordo com o lugar, a hora ou o humor, um ou outro desses vários elementos que compõem o cotidiano da vida: isso pode ser, no que diz respeito a mim (mas provavelmente eu sou um exemplo bem escolhido até demais, visto que uma das minhas atividades principais é justamente escrever), um endereço anotado de supetão, um encontro marcado às pressas, os dados de um cheque, de um envelope ou de uma encomenda, até a redação laboriosa de uma carta administrativa, do fastidioso preenchimento de um formulário (declaração-de-impostos, atestado-médico, solicitação-de-débito-automático-das-contas-de-gás-e-eletricidade, assinatura-de-periódico, contrato, aluguel, aditamento, recibo etc.) até uma lista de compras a serem feitas com urgência (café, açúcar, serragem para gato, livro Baudrillard, lâmpada 75 watts, pilhas, roupas etc.), desde as respostas mais para cabeludas das palavras-cruzadas de Robert Scipion até a cópia de um texto enfim passado a limpo, de anotações feitas durante uma conferência qualquer até o rabisco imediato de algo que talvez preste (um jogo de palavras, um jorro de palavras, um jogo de letras, ou aquilo que comumente chamamos de "ideia"), de um "trabalho" literário (escrever, sim, sentar-se à mesa e escrever, colocar-se diante da máquina de escrever e escrever, escrever durante um dia inteiro, ou durante uma noite inteira, esboçar um projeto, colocar os "I" maiúsculos e os "a" minúsculos, fazer rascunhos, colocar uma palavra ao lado de outra, olhar no dicionário, recopiar, reler, rasurar, descartar, reescrever, classificar, encontrar, esperar que venha, tentar arrancar de alguma coisa que sempre vai parecer um borrão inconsistente alguma coisa que se pareça com um texto, lograr, malograr, sorrir (eventualmente) etc.) a um mero trabalho (elementar, alimentar): marcar, numa determinada revista do domínio das ciências da vida (*life sciences*) que oferece o sumário de quase todas as outras, os títulos que podem interessar aos pesquisadores para os quais eu supostamente deveria providenciar a documentação bibliográfica, redigir fichas, reunir referências, corrigir provas etc.

Et cetera.

5

O espaço começa assim, apenas com palavras, signos traçados numa página em branco. Descrever o espaço: nomeá-lo, traçá-lo, como esses fazedores de portulanos que saturavam os litorais com nomes de portos, nomes de cabos, nomes de enseadas, até que a terra acabasse por estar separada do mar apenas por uma faixa contínua de texto. O Aleph, esse lugar borgiano onde o mundo inteiro fica visível simultaneamente, seria outra coisa que não um alfabeto?

Espaço inventário, espaço inventado: o espaço começa com esse mapa-modelo que, nas antigas edições do *Petit Larousse Illustré*, representava, sobre 60 cm^2, algo como 65 termos geográficos miraculosamente reunidos e deliberadamente abstratos: eis o deserto, com seu oásis, seu uádi[1] e seu *chott*,[2] eis a nascente e o riacho, a torrente, o rio, o canal, a confluência, o rio principal, o estuário, a embocadura e o delta, eis o mar e suas ilhas, seu arquipélago, suas ilhotas, seus recifes, seus rochedos, seus escolhos, seus penedos, seu banco de areia, e eis o estreito, e o istmo, e a península, e a angra e o gargalo, e o golfo e a baía, e o cabo e a enseada, e a ponta, e o promontório, e a quase-ilha, eis a laguna e a falésia, eis as dunas, eis a praia, e os charcos, e os pântanos, eis o lago, e eis as montanhas, o pico, a geleira, o vulcão, o contraforte, a vertente, a garganta, o desfiladeiro, eis a planície, e o planalto, e o monte, e a colina; eis a cidade e seu ancoradouro, e seu porto, e seu farol...

Simulacro de espaço, simples pretexto de nomenclatura: no entanto, sequer é necessário fechar os olhos para que esse espaço suscitado pelas palavras, esse simples espaço de dicionário, esse simples espaço de papel, seja animado, povoado, preenchido: um longo trem de mercadorias puxado por uma locomotiva a vapor passa sobre um viaduto; barcos carregados de cascalho cruzam os canais; pequenos veleiros manobram no lago; um grande transatlântico acompanhado de rebocadores entra no porto; crianças brincam de bola na praia; nas alamedas sombreadas do oásis, um árabe com um chapelão de palha trota sobre seu burro...

As ruas da cidade estão cheias de automóveis. Uma dona de casa de turbante bate um tapete em sua janela. Nos jardinzinhos do subúrbio, dezenas de viveiristas aparam árvores frutíferas. Um destacamento militar apresenta suas armas enquanto um oficial cingido por uma faixa com as cores da bandeira francesa inaugura a estátua de um general, descobrindo-a.

Há vacas nos prados, viticultores nas vinhas, lenhadores nas florestas, cordões de alpinistas nas montanhas. Um carteiro de bicicleta que sobe arduamente uma estradinha em ziguezague. Há lavadeiras na beira do rio, e cantoneiros na beira dos caminhos, e camponesas que dão de comer às galinhas. Há crianças que saem em fila dupla para o pátio da escola. Há uma mansão do fim do século sozinha no meio de grandes edifícios de vidro. Há pequenas cortinas xadrez nas janelas, fregueses nos terraços dos cafés, um gato se aquecendo ao sol, uma senhora cheia de pacotes que acena para um táxi, um sentinela montando guarda na frente de um prédio público. Há garis enchendo os caminhões de coleta, limpadores de fachadas instalando um andaime. Há babás nas praças, vendedores de livros usados ao longo das margens do rio; há fila na frente da padaria, há um senhor levando o cachorro para passear, outro que lê seu jornal sentado num banco, outro que observa os trabalhadores que demolem um bloco de casas. Há um guarda organizando a circulação. Há pássaros nas árvores, barqueiros no rio, pescadores na beira das margens. Há a dona de um armarinho abrindo a porta de ferro de sua loja. Há vendedores de castanhas, operários nos esgotos, jornaleiros. Há pessoas fazendo a feira.

Os leitores estudiosos leem nas bibliotecas. Os professores dão suas aulas. Os estudantes tomam notas. Os contadores alinham suas colunas de números. Os aprendizes de padeiro recheiam fileiras de carolinas com creme amanteigado. Os pianistas exercitam suas escalas. Sentados à mesa, meditativos e concentrados, os escritores alinham palavras.

Sucessão de clichês. Espaço tranquilizante.

A CAMA

Durante muito tempo, deitei-me por escrito

Parcel Mroust

1

A página geralmente é utilizada no sentido de sua maior dimensão. O mesmo vale para a cama. A cama (ou, se preferirmos, essa folha em branco) é um espaço retangular, mais comprido do que largo, no qual, ou sobre o qual, normalmente nos deitamos no sentido do comprimento. Só encontramos camas com cortinados e dosséis nos contos de fadas (o Pequeno Polegar e seus irmãos, e as sete filhas do Ogro, por exemplo) ou em condições excepcionais e geralmente graves (durante um êxodo, após um bombardeio etc.). Mesmo quando usamos a cama em seu sentido mais habitual, é quase sempre indício de catástrofe ter que dormir em várias pessoas: a cama é um instrumento concebido para o descanso noturno de uma ou duas pessoas, não mais que isso.

A cama é o espaço individual por excelência, o espaço elementar do corpo (a mônada-leito), aquele que até mesmo o homem mais coberto de dívidas tem o direito de conservar: os oficiais de justiça não têm o poder de tomar a sua cama; isso significa também — algo que se verifica facilmente na prática — que nós temos apenas uma cama que é a nossa cama; quando há outras camas na casa ou no apartamento, costuma-se dizer que são camas de hóspede ou camas extras. Só dormimos bem, ao que tudo indica, na nossa própria cama.

2

Cama = ilha

Michel Leiris

Foi deitado de bruços sobre a minha cama que li *Vinte anos depois*, *A ilha misteriosa* e *Jerry na ilha*. A cama se tornava cabana de caçadores, ou barco salva-vidas sobre o Oceano em fúria, ou baobá ameaçado pelo incêndio, tenda armada no deserto, anfractuosidade propícia a poucos centímetros da qual os inimigos passavam de mãos abanando.

Viajei muito enfurnado na minha cama. Para sobreviver, levava comigo torrões de açúcar que roubava da cozinha e que escondia debaixo de uma almofada (pinicavam um pouco...). O medo — o terror mesmo — estava sempre presente, apesar da proteção das cobertas e do travesseiro.

A cama: lugar da ameaça não formulada, lugar dos contrários, espaço do corpo solitário atravancado por seus haréns efêmeros, espaço da interdição do desejo, local improvável do enraizamento, espaço do sonho e da nostalgia edipiana:

Feliz daquele que pode dormir sem medo e sem remorso
No leito paternal, maciço e venerável
Onde todos os seus em vida e morte deitaram os corpos.

José Maria de Heredia (*Trophées*)

3

Gosto da minha cama. Eu a tenho faz pouco mais de dois anos. Antes, pertencia a uma de minhas amigas, que, tendo acabado de se mudar para um apartamento tão minúsculo que sua cama, embora tivesse dimensões absolutamente ortodoxas, mal entrava no cômodo previsto para recebê-la, acabou trocando-a pela que eu tinha na época e que era ligeiramente mais estreita.

(Um dia vou escrever — ver o capítulo seguinte — a história, entre outras, das minhas camas.)

Gosto da minha cama. Gosto de ficar estirado na minha cama e observar o teto com um olhar plácido. Dedicaria a isso de bom grado a maior parte do meu tempo (e principalmente das minhas manhãs) se ocupações reputadas mais urgentes (seria fastidioso listá-las) não me impedissem com tanta frequência de fazê-lo. Gosto dos tetos, gosto dos relevos e das rosáceas: muitas vezes desempenham para mim o papel de musa, e o emaranhado das florzinhas de estuque logo me remete àqueles outros labirintos tecidos pelas fantasias, pelas ideias e pelas palavras. Mas ninguém liga mais para os tetos. Fazem-nos desesperadamente retilíneos ou, pior ainda, empetecados com falsas vigas de madeira aparentes.

Uma larga tábua me serviu por muito tempo de mesa de cabeceira. Exceto por alimentos sólidos (normalmente não sinto fome quando fico na cama), nela se encontrava reunido tudo o que me era indispensável, tanto no âmbito do necessário como no âmbito do fútil: uma garrafa de água mineral, um copo, um par de tesouras de unhas (infelizmente meio desbeiçadas), uma compilação de palavras-cruzadas do já mencionado Robert Scipion (aproveito a ocasião para dar uma minúscula bronca nele: na 43ª palavra-cruzada da referida compilação, de resto excelente, ele — de forma implícita — escreveu algo como "porém" com 2 "M", o que, obviamente, deturpava completamente a horizontal correspondente (na qual seria indecente escrever "taberma") e comprometia sensivelmente a solução do problema), um pacote de lenços de papel, uma escova de cerdas duras que me permitia dar à pelagem do meu gato (que, aliás, era uma gata) um brilho que causava admiração a todos, um telefone, graças ao qual eu podia não só dar aos meus amigos notícias sobre a minha saúde, mas também responder para as inúmeras pessoas que ligavam que eu não era a Companhia Michelin, um aparelho de rádio inteiramente transistorizado que ficava tocando o dia todo, se me desse na telha, várias canções populares entrecortadas por informações sussurradas acerca dos engarrafamentos, algumas dezenas de livros (alguns que eu me propunha a ler e não lia, outros que eu relia sem parar), histórias em quadrinhos, pilhas de jornais, toda uma parafernália de fumante, várias agendas, cadernos, cadernetas e folhas soltas, um despertador, obviamente, um tubo de Alka-Seltzer (vazio), outro de aspirina (metade cheio, ou, se preferirmos, metade vazio), outro, ainda, de Céquinyl (medicamento antigripal: quase intacto), uma luminária, claro, vários folhetos que eu me esquecia de jogar fora, cartas, canetas hidrográficas, canetas esferográficas (tanto umas como outras muitas vezes sem tinta...), alguns lápis, um apontador, uma borracha (estes três últimos artigos destinados precisamente à resolução das referidas palavras-cruzadas), um seixo recolhido na praia em Dieppe, algumas outras lembranças miúdas e um calendário dos correios.

4

Mais algumas banalidades:

Passamos mais de um terço da vida numa cama.

A cama é um dos raros lugares onde nos mantemos em posição grosso modo horizontal. Os outros têm um uso muito mais especializado: mesa de cirurgia, bancada de sauna, *chaise longue*, praia, divã de psicanalista...

Técnicas do sono: A noção de que o deitar-se é algo natural é completamente inexata (Marcel Mauss, "Les Techniques du corps", in *Sociologie et anthropologie*, p. 378; o parágrafo inteiro, ai!, sucinto demais, mereceria ser citado).[3]

Ler: FLUSSER, V. "Du lit" ["Da cama"]. *Cause Commune*,[4] 2, nº 5, pp. 21-7 (1973)[5]

E a rede? E a esteira? E os estrados? E as camas disfarçadas de armário? E os divãs profundos como tumbas? E os catres? E os leitos de trens noturnos? E as camas de acampamento? E os sacos de dormir colocados sobre colchões infláveis, estes por sua vez colocados sobre um tapete?

O QUARTO

1

Fragmentos de um trabalho em curso.

Conservo uma memória excepcional, até mesmo bastante prodigiosa, eu diria, de todos os lugares onde dormi, exceto por aqueles da minha primeira infância — por volta do fim da guerra —, que se confundem todos nas brumas indistintas de um dormitório de colégio. Os outros, basta simplesmente fechar os olhos quando estou deitado e pensar com um mínimo de aplicação em um determinado lugar para que quase instantaneamente todos os detalhes do quarto, a posição das portas e das janelas, a disposição dos móveis, me voltem à memória e eu sinta, ainda mais precisamente, a sensação quase física de estar mais uma vez deitado naquele quarto.

Assim:

Rock (Cornualha)[6]
Verão de 1954.

Quando se abre a porta, a cama está quase imediatamente à esquerda. É uma cama bem estreita, e também o quarto é bem estreito (com uma diferença de poucos centímetros, tem a largura da cama mais a largura da porta, ou seja, não vai muito além de um metro e cinquenta) e não tem muito mais de comprimento do que de largura. No prolongamento da cama, tem um pequeno guarda-roupa. Bem ao fundo, uma janela de guilhotina. À direita, uma mesa de toalete com tampo de mármore, com uma bacia e um jarro d'água, dos quais acredito que eu não tenha me servido muito.

Tenho quase certeza de que havia um cromo emoldurado na parede da esquerda, em frente à cama: não uma reprodução qualquer, mas talvez um Renoir ou um Sisley.

O chão era de linóleo. Não havia nem mesa nem poltrona, mas talvez uma cadeira na parede da esquerda: nela eu jogava minhas roupas antes de me deitar; acho que não me sentava nela: eu usava esse quarto somente para dormir. Ele ficava no terceiro e último andar da casa, eu tinha que tomar cuidado ao subir as escadas quando voltava tarde para não acordar a proprietária da pensão e sua família.

Eu estava de férias, tinha acabado de fazer a prova de admissão para a universidade; a princípio, eu deveria morar numa pensão que reunia estudantes secundaristas franceses cujos pais desejavam que se aperfeiçoassem na prática da língua inglesa. Mas, como a pensão estava cheia, fui acomodado na casa de um morador local.

Todas as manhãs, a proprietária abria minha porta e colocava ao pé da minha cama uma tigela fumegante de *morning tea* que eu bebia invariavelmente frio. Eu me levantava sempre tarde demais, só consegui chegar a tempo uma ou duas vezes para tomar o copioso *breakfast* que era servido na pensão.

Vale lembrar que foi provavelmente naquele verão, depois dos acordos de Genebra e das negociações com a Tunísia e o Marrocos, que o planeta inteiro, pela primeira vez em várias décadas, conheceu a paz: tal situação não durou mais do que alguns dias e não acho que tenha voltado a acontecer desde então.

As lembranças se atrelam à estreiteza daquela cama, à estreiteza daquele quarto, ao amargor daquele chá forte demais e frio demais: naquele verão, bebi *pinks*, copos de gim cheios até a borda e arrematados com uma gota de angustura, flertei, sem nenhum sucesso, com a filha de um industrial do ramo têxtil que tinha acabado de voltar de Alexandria, decidi me tornar escritor, me obstinei a tocar, com harmônios de feira, a única ária que consegui aprender na vida: as primeiras 54 notas — com a mão direita, e a esquerda na maioria das vezes se recusando a acompanhá-la — de um prelúdio de Johann Sebastian Bach...

O espaço ressuscitado do quarto basta para reanimar, restituir, reavivar as lembranças mais fugazes, tanto as mais prosaicas quanto as mais essenciais. A simples certeza sinestésica do meu corpo na cama, a simples certeza topográfica da cama no quarto, reativa minha memória, lhe dá uma agudeza, uma precisão que ela quase nunca tem em outras situações. Como uma palavra recuperada de um sonho que, tão logo é escrita, restitui toda uma lembrança desse sonho, aqui, o simples fato de saber (quase sem nem ter tido a necessidade de buscá-lo, simplesmente por ficar deitado alguns instantes e ter fechado os olhos) que a parede ficava à minha direita, a porta, ao meu lado esquerdo (levantando o braço, eu conseguia tocar na maçaneta) e a janela, à frente, faz surgir, instantânea e desordenadamente, uma enxurrada de detalhes cuja vivacidade me deixa desnorteado: aquela garota com modos de boneca, aquele inglês imensamente comprido que tinha o nariz meio torto (eu o revi em Londres, onde fui passar três dias ao final dessa estadia pseudolinguística: ele me levou a um *pub* apinhado de plantas que, infelizmente, nunca mais consegui reencontrar desde então, e a uma apresentação ao ar livre no Albert Hall, onde fiquei muito contente de ouvir, talvez sob a regência de Sir John Barbiroli, um concerto para gaita e orquestra composto especialmente para Larry Adler...), os *marshmallows*, os "Rock rocks" (pirulitos de cevada decorados, especialidade dos balneários britânicos; o mais conhecido é o Brighton Rock que, além de ser um trocadilho — há rochedos em Brighton assim como há falésias em Étretat —,[7] é o título de um romance de Graham Greene; estando em Rock, era difícil escapar disso), a praia cinza, o mar frio e as paisagens de arvoredos, com suas velhas pontes de pedra, propícias à aparição de duendes ou de fogos-fátuos...

É provavelmente porque o espaço do quarto funciona para mim como a madalena proustiana (sob a invocação de quem todo este projeto está evidentemente situado: ele não pretendia ser nada além do estrito desenvolvimento dos parágrafos 6 e 7 do primeiro capítulo da primeira parte ("Combray") do primeiro volume (*No caminho de Swann*) de *Em busca do tempo perdido*) que me propus, já há vários anos, a fazer o inventário, tão exaustivo e preciso quanto possível, de todos os *Lugares onde dormi*. No momento presente, praticamente nem comecei a descrevê-los; em contrapartida, acredito ter enumerado quase todos eles: são cerca de duzentos (acrescenta-se pouco mais de meia dúzia por ano: me tornei uma pessoa bastante caseira). Ainda não resolvi definitivamente a maneira como irei classificá-los. Com certeza não será por ordem cronológica. Provavelmente não por ordem alfabética (ainda que seja a única ordem cuja pertinência não precisa ser justificada). Talvez de acordo com a disposição geográfica deles, o que acentuaria o lado "guia" dessa obra. Ou então, em vez disso, segundo uma perspectiva temática que pudesse levar a uma espécie de tipologia de quartos de dormir:

1. *Meus* quartos
2. Dormitórios e alojamentos
3. Quartos hospitaleiros
4. Quartos de hóspedes
5. Dormidas improvisadas (divã, carpete + almofadas, tapete, *chaise longue* etc.)
6. Casas de campo
7. Casas de luxo para alugar
8. Quartos de hotel
    a) decadentes, enfeitados, mobiliados
    b) luxuosos
9. Condições atípicas: noites no trem, no avião, no carro; noites em um barco; noites de guarda; noites na delegacia; noites na barraca; noites no hospital; noites em claro etc.

Em um pequeno número desses quartos, passei vários meses, vários anos; na maioria deles, passei apenas alguns dias ou algumas horas; talvez seja temerário de minha parte fingir que consigo me lembrar de cada um: qual era o motivo do papel de parede do quarto do hotel Lion d'Or, em Saint-Chély-d'Apcher (por motivos que ignoro, o nome — muito mais surpreendente quando pronunciado do que por escrito — dessa minúscula capital regional de Lozère ficou ancorado em minha memória desde o fim do ensino fundamental, e insisti muito para que parássemos lá)? Mas é obviamente das lembranças que ressurgem desses quartos efêmeros que espero as maiores revelações.

2

Pequeno problema.

Quando, em um determinado quarto, mudamos o lugar da cama, pode-se dizer que mudamos de quarto, ou então o quê?

(Cf. topoanálise.)

3

Habitar um quarto, o que é isso? Habitar um lugar é apropriar-se dele? O que significa se apropriar de um lugar? A partir de quando um lugar se torna verdadeiramente seu? É quando você coloca de molho os seus três pares de meias numa bacia de plástico cor-de-rosa? É quando você requenta espaguete em cima de um fogareiro de acampamento? É quando você usou todos os cabides desparelhados do guarda-roupa? É quando você prega na parede com uma tachinha um cartão-postal que reproduz *O sonho de Santa Úrsula*, de Carpaccio? É quando você vivencia nele as angústias da espera, ou as exaltações da paixão, ou os tormentos de uma lancinante dor de dente? É quando você pendura cortinas nas janelas a seu gosto, e coloca os papéis de parede, e lixa os tacos?

4

Pequeno pensamento plácido nº 1.

Qualquer proprietário de gato dirá com razão que os gatos habitam as casas muito melhor do que os homens. Mesmo nos espaços mais espantosamente quadrados, eles sabem encontrar recantos propícios.

Pequeno pensamento plácido nº 2.

O tempo que passa (minha História) deposita resíduos que se empilham: fotos, desenhos, corpos de canetas hidrográficas há muito ressecadas, camisas, garrafas descartáveis e garrafas retornáveis, embalagens de cigarros, caixas, borrachas, cartões-postais, livros, poeira e bibelôs: é isso o que chamo de minha fortuna.

O APARTAMENTO

1

Por dois anos, tive uma vizinha muito velha. Ela morava no prédio há setenta anos e era viúva há sessenta. Durante seus últimos anos de vida, depois de ter quebrado o colo do fêmur, ela nunca foi além do corredor de seu andar. A zeladora ou algum garoto do prédio fazia suas compras. Várias vezes ela me parou na escada para me perguntar em que dia estávamos. Um dia, fui buscar uma fatia de presunto para ela, que me deu uma maçã e me convidou para entrar em sua casa. Ela vivia em meio a móveis extremamente escuros e passava todo o seu tempo a lustrá-los.

2

Há alguns anos, um de meus amigos bolou o projeto de viver um mês inteiro num aeroporto internacional, sem jamais sair dele (a menos que fosse para pegar um avião que o conduzisse a outro aeroporto internacional, considerando que todos os aeroportos internacionais são idênticos por definição). Até onde sei, ele nunca realizou esse projeto, mas não vejo nada que pudesse objetivamente impedi-lo de fazer isso: o essencial das atividades vitais e a maioria das atividades sociais podem ser cumpridos sem dificuldades no contexto de um aeroporto internacional: neles encontramos poltronas profundas e bancos não tão desconfortáveis e, muitas vezes, até mesmo salas de descanso onde viajantes em trânsito podem tirar um breve cochilo; neles encontramos sanitários e chuveiros, e, frequentemente, saunas secas e a vapor; neles encontramos cabeleireiros, pedicures, enfermeiras, massagistas e fisioterapeutas, engraxates, lavanderias rápidas que têm o prazer tanto de consertar saltos de sapatos como de fazer cópias de chaves, relojoarias e ópticas; neles encontramos restaurantes, bares e cafeterias, lojas de artigos de couro e perfumarias, floriculturas, livrarias, casas de discos, tabacarias e confeitarias, papelarias e serviços de fotografia; neles encontramos lojas de alimentos, cinemas, um correio, serviços móveis de assistência pessoal e, obviamente, hordas de bancos (pois, nos dias de hoje, é praticamente impossível viver sem depender de um banco).

O interesse de uma iniciativa dessas residiria sobretudo em seu exotismo: um deslocamento, mais aparente do que real, de hábitos e ritmos, de pequenos problemas de adaptação. Provavelmente isso se tornaria enfadonho bastante rápido; no fim das contas, seria algo fácil demais e, consequentemente, pouco convincente: visto por esse ângulo, um aeroporto não é nada além de uma espécie de galeria comercial: um simulacro de bairro; à exceção de pouquíssimas coisas, ele oferece as mesmas vantagens que um hotel. Assim, não poderíamos tirar de uma iniciativa dessas nenhuma conclusão prática, nem no sentido da subversão, nem no sentido da aclimatação. No melhor dos casos, poderíamos utilizá-la como tema de reportagem, ou como ponto de partida para um enésimo roteiro cômico.

3

Um quarto é um cômodo onde tem uma cama; uma sala de jantar é um cômodo onde tem uma mesa e cadeiras, e muitas vezes também um bufê; uma sala é um cômodo onde tem poltronas e um sofá; uma cozinha é um cômodo onde tem um fogão e um ponto de água; um banheiro é um cômodo onde tem um ponto de água acima de uma banheira; quando tem apenas um chuveiro, ele é chamado de sala de banho; quando tem apenas um lavabo, é chamado de toalete; uma entrada é um cômodo onde pelo menos uma das portas conduz ao exterior do apartamento; como acessório, pode-se nela encontrar um cabideiro; um quarto de criança é um cômodo onde se coloca uma criança; um armário de vassouras é um cômodo onde se colocam as vassouras e o aspirador; um quarto de empregada é um cômodo que se aluga para estudantes.

A partir dessa enumeração que se poderia facilmente estender, pode-se tirar as duas seguintes conclusões elementares que proponho a título de definições:

1. Todo apartamento é composto por um número variável, mas limitado, de cômodos;
2. Cada cômodo tem uma função particular.

Parece difícil, ou antes irrisório, questionar essas evidências. Os apartamentos são construídos por arquitetos que têm ideias bem precisas sobre o que devem ser uma entrada, uma sala de estar (*living-room*, recepção), um quarto dos pais, um quarto de criança, um quarto de empregada, um quartinho da bagunça, uma cozinha e um banheiro. No entanto, de início, todos os cômodos se parecem mais ou menos, não é o caso de se deixar impressionar com essas histórias de módulos e outras bobagens: eles nunca passam de espécies de cubos, digamos, de paralelepípedos retangulares; eles sempre têm pelo menos uma porta e, também com bastante frequência, uma janela; e são aquecidos, digamos, por um aquecedor, e equipados com uma ou duas tomadas elétricas (muito raramente mais do que isso, mas se eu fosse começar a falar da mesquinharia das construtoras, não acabaria nunca). Em suma, um cômodo é um espaço bastante maleável.

Não sei nem quero saber onde começa e onde termina o aspecto funcional. Em todo caso, o que me vem à mente na divisão modelo dos apartamentos de hoje em dia é que o funcional funciona segundo um procedimento unívoco, sequencial e nictemeral:* as atividades cotidianas correspondem a intervalos de tempo, e a cada intervalo de tempo corresponde um dos cômodos do apartamento. A seguir, um exemplo um tanto caricatural disso:

07h00	A mãe se levanta e vai preparar o café-da-manhã na	COZINHA
07h15	A criança se levanta e vai ao	BANHEIRO
07h30	O pai se levanta e vai ao	BANHEIRO
07h45	O pai e a criança tomam café-da-manhã na	COZINHA
08h00	A criança pega seu casaco na e vai para a escola	ENTRADA
08h15	O pai pega seu casaco na e vai para o escritório	ENTRADA
08h30	A mãe se arruma no	BANHEIRO
08h45	A mãe pega o aspirador no e limpa a casa	ARMÁRIO DE VASSOURAS

* Eis a frase mais bela do livro!

(ela passa então por todos
os cômodos do apartamento,
mas me abstenho de enumerá-los)

	(ela passa então por todos	
	os cômodos do apartamento,	
	mas me abstenho de enumerá-los)	
09h30	A mãe pega a sacola de compras na	COZINHA
	e o casaco na	ENTRADA
	e vai fazer feira	
10h30	A mãe volta da feira	
	e coloca o casaco de volta na	ENTRADA
10h45	A mãe prepara o almoço na	COZINHA
12h15	O pai volta do escritório	
	e pendura o casaco na	ENTRADA
12h30	O pai e a mãe almoçam na	SALA DE JANTAR
	(a criança estuda	
	em período integral)	
13h15	O pai pega o casaco na	ENTRADA
	e volta ao escritório	
13h30	A mãe lava a louça na	COZINHA
14h00	A mãe pega o casaco na	ENTRADA
	e sai para passear ou fazer	
	compras antes de ir buscar	
	a criança na saída da escola	
16h15	A mãe e a criança voltam	
	e colocam os casacos de volta na	ENTRADA
16h30	A criança faz um lanche na	COZINHA
16h45	A criança vai fazer suas lições no	QUARTO DE CRIANÇA
18h30	A mãe prepara o jantar na	COZINHA
18h45	O pai volta do escritório	
	e coloca seu casaco de volta na	ENTRADA
18h50	O pai vai lavar as mãos no	BANHEIRO
19h00	Toda a pequena família janta na	SALA DE JANTAR
20h00	A criança vai escovar os dentes no	BANHEIRO
20h15	A criança vai se deitar no	QUARTO DE CRIANÇA
20h30	O pai e a mãe vão para a	SALA
	eles assistem à televisão,	

	ou então ouvem rádio,	
	ou então jogam cartas,	
	ou então o pai lê o jornal	
	enquanto a mãe costura,	
	enfim, eles ficam à toa	
21h45	O pai e a mãe	
	vão escovar os dentes no	BANHEIRO
22h00	O pai e a mãe	
	vão se deitar em seu	QUARTO

Será possível notar, nesse modelo cujo caráter ao mesmo tempo fictício e problemático eu tendo a sublinhar, ainda que continue convencido de sua exatidão elementar (ninguém vive exatamente assim, claro, mas apesar disso é assim, e não de outra maneira, que os arquitetos e urbanistas encaram nossa vida ou querem que vivamos), será possível notar que, nele, por um lado, a sala e o quarto têm pouca importância a mais do que o armário de vassouras (no armário de vassouras, colocamos o aspirador; no quarto, colocamos os corpos exaustos: isso remete às mesmas funções de descanso e manutenção) e, por outro lado, que o meu modelo praticamente não seria modificado se, em vez de ter, como aqui, espaços separados por divisórias que delimitam um quarto, uma sala, uma sala de jantar, uma cozinha etc., imaginássemos um espaço supostamente único e pseudomodular (sala de estar, *living* etc.), como aliás se faz bastante hoje em dia: assim, teríamos não uma cozinha, mas um canto-cozinha, não um quarto, mas um canto-para-descanso, não uma sala de jantar, mas um canto-para-refeições.

Podemos imaginar sem dificuldade um apartamento cuja disposição fosse baseada não mais nas atividades cotidianas, e sim nas funções relacionais: além do mais, era dessa mesma maneira que se dava a repartição modelo de cômodos ditos de recepção em mansões particulares do século XVIII ou nos grandes apartamentos burgueses do fim do século XIX: uma sequência de salas enfileiradas, ligadas por um grande vestíbulo, e cuja especificação se apoia nas variações mínimas que giram sempre em torno da noção de recepção: grande salão, pequeno salão, escritório do Senhor, *boudoir* da Madame, sala de fumantes, biblioteca, bilhar etc.

Provavelmente é preciso um pouco mais de imaginação para idealizar um apartamento cuja repartição fosse baseada nas funções sensoriais: conseguimos conceber até que bem o que poderiam ser um gustatório ou um ouvitório, mas podemos nos perguntar com que se pareceriam um visório, um olfatório ou um tatório...

De maneira só um pouco mais transgressora, podemos pensar em uma divisão baseada não mais em ritmos circadianos, mas em ritmos heptadianos:* isso nos daria apartamentos de sete cômodos, chamados respectivamente de: o segundário, o terçário, o quartário, o quintário, o sextário, o sabadário e o domingário. Esses dois últimos cômodos, é preciso observar, já existem e são abundantemente comercializados sob o nome de "residências secundárias" ou "casas de fim de semana". Imaginar um cômodo que seria dedicado exclusivamente à segunda-feira não é mais estúpido do que

---

* Um habitat baseado em um ritmo circa-anual existe para alguns poucos felizardos que dispõem de uma quantidade suficiente de residências para poder fazer o esforço de conciliar suas noções dos valores, o gosto pelas viagens, as condições climáticas e os imperativos culturais. Eles podem ser encontrados, por exemplo, em janeiro no México, em fevereiro na Suíça, em março em Veneza, em abril em Marrakech, em maio em Paris, em junho em Chipre, em julho em Bayreuth, em agosto na Dordonha, em setembro na Escócia, em outubro em Roma, em novembro na Côte d'Azur, e em dezembro em Londres...

construir casas burguesas que são *úteis* somente sessenta dias por ano. O segundário poderia perfeitamente ser uma área de serviço (nossos ancestrais rurais lavavam as roupas às segundas), e o terçário, um salão (nossos antepassados citadinos faziam de bom grado recepções todas as terças). Isso obviamente não nos tiraria nada do funcional. Melhor ainda seria, tanto quanto fazer, imaginar uma disposição temática, um pouco análoga àquela que existia nos bordéis (depois de seu fechamento, e até os anos 1950, eles foram transformados em residências universitárias; assim, muitos de meus amigos viveram em uma antiga "casa" da rue de l'Arcade: um deles morava no "quarto das torturas", outro no "avião" (cama em forma de fuselagem, falsas escotilhas etc.), um terceiro na "cabana do caçador" (paredes recobertas com falsos troncos etc.); esses fatos merecem ser relembrados, particularmente para o autor do artigo "Habiter l'inhabituel" ["Habitar o inabitual"] (*Cause Commune*, 1, nº 2, 13-16, 1972), que é igualmente o estimável diretor da coleção na qual esta obra é publicada): o segundário, por exemplo, imitaria um barco; dormiríamos em redes, lavaríamos o assoalho com água corrente e comeríamos peixe; no terçário, por que não, comemoraríamos uma das grandes conquistas do homem sobre a natureza, a descoberta do Polo (Norte ou Sul, a gosto) ou a escalada do Everest: o cômodo não seria aquecido, dormiríamos debaixo de peles grossas, a comida seria à base de conservas de carne (bifes enlatados nos finais de mês, carne seca suíça nos dias mais pomposos); no quartário, obviamente, seriam celebradas as crianças: já há algum tempo é o dia em que na França elas não vão à escola; poderia ser uma espécie de casa da bruxa de João e Maria: as paredes seriam de pão de mel e os móveis, de massa de confeiteiro etc. etc.

4

Sobre um espaço inútil.

Várias vezes tentei pensar em um apartamento no qual houvesse um cômodo inútil, absoluta e deliberadamente inútil. Não seria um depósito, não seria um quarto suplementar, nem um corredor, nem uma despensa, nem um compartimento secreto. Seria um espaço sem função. Não serviria para nada, não lembraria nada.

Apesar dos meus esforços, foi-me impossível seguir com esse pensamento, com essa imagem, até o final. A própria linguagem, me parece, revelou-se inapta para descrever esse nada, esse vazio, como se só pudéssemos falar do que é repleto, útil e funcional.

Um espaço sem função. Não "sem função precisa", mas precisamente sem função: não plurifuncional (isso todo mundo sabe fazer), mas afuncional. Obviamente não seria um espaço destinado unicamente a "liberar" os demais (porta-tudo, armário, guarda-roupa, organizador etc.), mas um espaço que, repito, não serviria para nada.

Algumas vezes chego a não pensar em nada, e não digo nem como o amigo Pierrot[8] de Queneau, que pensava na morte de Luís XVI: de uma só vez, me dou conta de que estou aqui, que o metrô acaba de parar e que, tendo partido da estação Dugommier uns oitenta segundos atrás, estou agora de fato em Daumesnil. Mas nesse ínterim não cheguei a pensar o nada. Como pensar o nada? Como pensar o nada sem colocar automaticamente alguma coisa ao redor desse nada, o que acaba abrindo um buraco nele, no qual vamos correndo colocar alguma coisa, uma prática, uma função, um destino, um olhar, uma necessidade, uma falta, um algo a mais...?

Tentei seguir com docilidade essa ideia fraca. Encontrei muitos espaços inutilizáveis e muitos espaços inutilizados. Mas eu não estava atrás nem do inutilizável, nem do inutilizado, e sim do inútil. Como afastar as funções, afastar os ritmos, os hábitos, como afastar a necessidade? Pus-me a imaginar que morava em um apartamento imenso, tão imenso que eu nunca conseguia me lembrar de quantos cômodos havia nele (eu soubera disso noutros idos, mas tinha me esquecido e sabia que já estava velho demais para recomeçar uma enumeração tão complicada assim): todos os cômodos, exceto um, serviriam para algo. O mais importante era encontrar o último. No fim das contas, não era uma tarefa mais difícil do que a dos leitores da "Biblioteca de Babel",[9] de encontrar o livro que dá a chave para os demais. Havia efetivamente algo bastante próximo da vertigem borgiana em querer imaginar uma sala reservada à audição da *Sinfonia nº 48 em dó*, chamada "Maria-Theresa", de Joseph Haydn, uma outra consagrada à leitura do barômetro ou à limpeza do dedão do meu pé direito...

Pensei no velho príncipe Bolkónski que, preocupado com o destino de seu filho, procura em vão durante toda a noite, de quarto em quarto, com uma tocha na mão, acompanhado por seu lacaio Tíkhon[10] que levava cobertores de pele, a cama onde ele poderia enfim encontrar o sono. Pensei em um romance de ficção científica no qual a própria noção de hábitat teria desaparecido; pensei em outro conto de Borges ("O imortal") no qual homens não mais movidos pela necessidade de viver e de morrer construíram palácios em ruínas e escadas inutilizáveis; pensei nas gravuras de Escher e nos quadros de Magritte; pensei em uma gigantesca caixa de Skinner: um cômodo inteiramente revestido de preto, com um único botão em uma das paredes: ao apertar o botão, aparece, por um breve instante, algo como uma cruz de Malta cinza, sobre fundo branco...; pensei nas grandes Pirâmides e nos interiores de igreja de Saenredam; pensei em algo japonês; pensei na vaga lembrança que eu tinha de um texto de Heissenbüttel no qual o narrador descobre um cômodo sem portas nem janelas; pensei em sonhos que tive sobre esse mesmo tema, descobrindo no meu próprio apartamento um cômodo que eu não conhecia...

Nunca cheguei a algo verdadeiramente satisfatório. Mas não acho que eu tenha perdido completamente meu tempo ao tentar atravessar esse limite improvável: por meio desse esforço, acredito que transpareça algo que poderia ser um estatuto do habitável...

5

Mudar-se.

Deixar um apartamento. Cair fora. Levantar acampamento. Limpar o terreno. Picar a mula.
Inventariar organizar classificar triar
Eliminar abrir mão jogar fora
Quebrar
Queimar
Baixar desfazer despregar descolar desparafusar desprender
Desligar desconectar cortar tirar desmontar dobrar cortar
Enrolar
Empacotar embalar enlaçar dar nó empilhar juntar amontoar amarrar embrulhar proteger recobrir cercar fechar
Retirar carregar erguer

Varrer
Fechar
Partir

Casa nova.

limpar constatar experimentar mudar organizar assinar esperar imaginar inventar investir decidir envergar dobrar curvar encapar equipar despir rachar virar revirar bater resmungar atacar moldar orientar proteger revestir arrancar fatiar ligar esconder disparar acionar instalar improvisar colar quebrar amarrar passar compactar amontoar desamassar polir consolidar enfiar calçar pendurar arrumar serrar fixar dependurar marcar anotar calcular escalar medir dominar ver percorrer usar o peso do corpo inteiro embeber lixar pintar esfregar raspar conectar escalar tropeçar saltar afastar encontrar bisbilhotar enxugar gelo escovar mastigar desbastar camuflar mastigar ajustar ir e vir lustrar deixar secar admirar impressionar-se irritar-se perder a paciência adiar apreciar acrescentar intercalar vedar pregar parafusar atarraxar costurar agachar-se empoleirar-se acabrunhar-se centralizar acessar lavar colocar na máquina avaliar contar sorrir sustentar subtrair multiplicar morrer de esperar esboçar comprar adquirir receber trazer desembalar desfazer contornar emoldurar soldar observar considerar sonhar fixar furar resolver os pepinos acampar aprofundar alçar providenciar sentar deitar escorar enxaguar destampar completar classificar varrer suspirar assobiar enquanto trabalha umedecer entusiasmar-se arrancar exibir grudar insultar insistir traçar lixar escovar pintar perfurar ligar acender dar partida soldar dobrar-se despregar afiar apontar vagabundear diminuir sustentar agitar antes de abrir amolar extasiar-se aperfeiçoar fazer de qualquer jeito esfregar tirar o pó manobrar borrifar equili-

brar conferir umedecer tampar esvaziar despedaçar esboçar explicar dar de ombros plugar dividir andar de um lado para o outro esticar cronometrar justapor reaproximar juntar alvejar laquear tampar outra vez isolar averiguar alfinetar arrumar passar uma demão
pendurar recomeçar intercalar espalhar
lavar procurar entrar soprar
se acomodar
morar
viver

PORTAS

A gente se protege, se defende. As portas interrompem e separam.

A porta quebra o espaço, dissocia-o, impede a osmose, impõe a divisão em compartimentos: de um lado, eu e o meu lar, o privado, o doméstico (o espaço sobrecarregado das minhas propriedades: minha cama, meu carpete, minha mesa, minha máquina de escrever, meus livros, meus volumes desemparelhados da *Nouvelle Revue Française*...), do outro lado tem os outros, o mundo, o público, o político. Não se pode ir de um a outro simplesmente deslizando, não se pode passar de um a outro nem em um sentido, nem no outro: é preciso ter uma senha, é preciso cruzar o limiar, é preciso mostrar a cara, é preciso se comunicar, como o prisioneiro se comunica com o exterior.

No filme *O planeta proibido*,[11] a forma triangular e o tamanho fenomenal das portas deixam deduzir algumas das características morfológicas de seus antiquíssimos construtores; a ideia é tão espetacular quanto gratuita (por que triangular?), mas se não houvesse porta nenhuma, poderíamos tirar disso conclusões muito mais surpreendentes.

Como ser mais exato? Não se trata de abrir ou não a porta, não se trata de "deixar a chave na porta"; o problema não está em ter chaves ou não: se não houvesse porta, não haveria chave.

Obviamente, é difícil imaginar uma casa que não tenha porta. Vi uma assim há vários anos, em Lansing, Michigan, Estados Unidos da América. Tinha sido construída por Frank Lloyd Wright: começava-se seguindo uma trilha suavemente sinuosa, à esquerda da qual se erguia, de maneira bastante acentuada e até mesmo com extremo descaso, uma ligeira inclinação que a princípio era oblíqua e se aproximava gradualmente da vertical. Pouco a pouco, como que por acaso, sem pensar a respeito, sem que em momento algum se tivesse o direito de afirmar ter percebido algo como uma transição, uma ruptura, uma passagem, uma solução de continuidade, a trilha se tornava pedregosa, ou seja, de início havia somente uma relva, depois começavam a aparecer pedras em meio à relva, depois um pouco mais de pedras, e isso se tornava como que uma alameda pavimentada e coberta de relva, enquanto à esquerda a inclinação do terreno começava a se parecer, de forma bastante vaga, com uma mureta, depois com um muro de *opus incertum*.[12] Então aparecia algo como um telhado com claraboia praticamente indissociável da vegetação que o invadia. Mas, na verdade, já era tarde demais para saber se você estava dentro ou fora: ao final da trilha, as lajotas estavam perfeitamente ajustadas e você se via em meio àquilo que habitualmente se chama de uma entrada, que dava diretamente em um cômodo gigantesco e, além do mais, um dos prolongamentos deste desembocava num terraço com uma grande piscina. O resto da casa não ficava nada atrás, não apenas pelo conforto, tampouco pelo luxo, e sim porque dava a impressão de que ela tinha fluído por aquela colina como um gato que se empelota sobre uma almofada. O desenlace dessa anedota é tanto moral quanto previsível: uma dezena de casas mais ou menos parecidas foi espalhada pelos contornos de um clube privado de golfe. O clube era inteiramente cercado, e guardas que não temos a menor dificuldade em imaginar armados com seus rifles de cano curto (vi muitos filmes americanos na minha juventude) vigiavam o único portão de entrada.

ESCADAS

Não pensamos o suficiente nas escadas.

Nada era mais belo nas casas antigas do que as escadas. E nada é mais feio, mais frio, mais hostil e mais mesquinho nos prédios de hoje em dia.

Deveríamos aprender a passar mais tempo nas escadas. Mas como?

PAREDES

Havendo uma parede, o que acontece atrás dela?
Jean Tardieu

Penduro um quadro na parede. Em seguida, me esqueço de que existe uma parede. Não sei mais o que tem atrás dessa parede, não sei mais que tem uma parede, não sei mais que essa parede é uma parede, não sei mais o que é uma parede. Não sei mais que tem paredes no meu apartamento e que, se não tivesse paredes, não teria apartamento. A parede não é mais aquilo que delimita e define o lugar onde vivo, o que o separa dos outros lugares onde vivem os outros, ela não passa de um suporte para o quadro. Mas me esqueço também do quadro, não olho mais para ele, não sei mais olhar para ele. Pendurei o quadro na parede para esquecer que havia uma parede, mas ao me esquecer da parede, me esqueço também do quadro. Quadros existem porque existem paredes. É preciso poder esquecer que as paredes existem, e não encontramos nada melhor para isso do que quadros. Os quadros apagam as paredes. Mas as paredes matam os quadros. Ou então seria necessário trocar continuamente, seja de parede, seja de quadro, pendurar o tempo todo outros quadros na parede, ou trocar o quadro de parede a todo momento.

Poderíamos escrever nessas paredes (assim como às vezes se escreve nas fachadas das casas, nos tapumes dos canteiros de obras, nos muros das prisões), mas isso só é feito muito raramente.

O PRÉDIO

1

Projeto de romance.

Imagino um prédio parisiense cuja fachada tenha sido removida — uma espécie de equivalente ao telhado retirado no filme *Le Diable boiteux*[13] ou à cena do jogo de Go representada no clássico japonês *Genji Monogatari Emaki*[14] — de tal modo que, do térreo até o sótão, todos os cômodos situados na fachada fiquem instantânea e simultaneamente visíveis.

O romance — intitulado *A vida, modo de usar* — se limita (se é que ouso empregar esse verbo para um projeto cujo desenvolvimento final terá algo como quatrocentas páginas)[15] a descrever os cômodos assim revelados e as atividades que acontecem neles, tudo isso seguindo processos formais que, acho eu, não vem ao caso detalhar aqui, mas cujos enunciados me parecem ter algo de atraente: poligrafia do cavalo de xadrez (ainda por cima, adaptado a um tabuleiro de 10 x 10), pseudoquenina de ordem 10, biquadrado latino ortogonal de ordem 10 (aquele que teve sua não-existência conjecturada por Euler, mas que foi demonstrado em 1960 por Bose, Parker e Shrikhande).

As fontes desse projeto são múltiplas. Uma delas é um desenho de Saul Steinberg, publicado em *The Art of Living*

(Londres, Hamish Hamilton, 1952), que representa uma pensão (ficamos sabendo que é uma pensão porque, ao lado da porta de entrada, tem uma placa com os dizeres *No Vacancy* [Sem Vagas]) que teve parte de sua fachada retirada, deixando entrever o interior de uns vinte e três cômodos (digo "uns" porque também tem algumas frestas para os cômodos de trás): o inventário por si só — que, ainda assim, não chega a ser exaustivo — de itens de mobiliário e ações representadas carrega algo de verdadeiramente vertiginoso:

3 banheiros; o do 3º está vazio; no do 2º, uma mulher toma banho de banheira; no do térreo, um homem toma uma ducha.
3 lareiras de tamanhos bastante diferentes, mas posicionadas no mesmo eixo. Nenhuma funciona (ninguém faz fogo nelas, se preferirmos); as do 1º e do 2º são equipadas com suportes para lenha; a do 3º foi cortada ao meio por uma divisória que reparte igualmente os relevos e a rosácea do teto.
6 lustres e 1 móbile tipo Calder
5 telefones
1 piano vertical com sua banqueta
10 indivíduos adultos do sexo masculino, dos quais
    1 está bebendo
    1 está escrevendo à máquina
    2 estão lendo o jornal, um sentado em uma poltrona e o outro esticado no sofá
    3 estão dormindo
    1 está tomando uma ducha
    1 está comendo torradas
    1 está adentrando um cômodo onde há um cachorro
10 indivíduos adultos do sexo feminino, dos quais:
    1 está cuidando das suas coisas
    1 está sentada

1 está com um bebê no colo
2 estão lendo, uma, sentada, o jornal, a outra, deitada, um romance
1 está lavando louça
1 está tomando banho de banheira
1 está tricotando
1 está comendo torradas
1 está dormindo
6 crianças bem pequenas, das quais 2 certamente são meninas e 2 certamente são meninos
2 cachorros
2 gatos
1 urso com rodinhas
1 cavalinho com rodinhas
1 trenzinho
1 boneca em seu carrinho de bebê
6 ratos ou camundongos
vários cupins (não é certeza que sejam cupins; em todo caso, são espécies de animais que vivem nos assoalhos e paredes)
pelo menos 38 quadros ou gravuras emolduradas
1 máscara africana
29 luminárias (além dos lustres)
10 camas
1 cama de criança
3 sofás, sendo que um deles serve desconfortavelmente de cama.
4 cozinhas bem pequenininhas
7 cômodos com piso de madeira
1 tapete
2 capachos ou tapetinhos de beira de cama
9 cômodos com o piso provavelmente revestido de carpete
3 cômodos com piso de ladrilhos
1 escada interna

8 mesinhas de canto
5 mesas de centro
5 pequenas bibliotecas
1 prateleira cheia de livros
2 relógios de pêndulo
5 cômodas
2 mesas
1 escrivaninha com gavetas, um bloco mata-borrão e um tinteiro
2 pares de sapatos
1 banquinho de banheiro
11 cadeiras
2 poltronas
1 pasta de couro
1 roupão de banho
1 cabideiro
1 despertador
1 balança de banheiro
1 lixeira com pedal
1 chapéu pendurado em um gancho de parede
1 terno pendurado em um cabide para paletós
1 paletó colocado no encosto de uma cadeira
roupas secando
3 armarinhos de banheiro
vários frascos e garrafas
inúmeros objetos dificilmente identificáveis (reloginhos, óculos, cinzeirinhos, copos, pires cheios de amendoins, por exemplo)

Foi descrita apenas a parte "desfachada" do prédio. Ainda assim, a quarta parte restante do desenho permite fazer uma listagem de um pedaço de calçada coberto de lixo (jornal velho, lata de conserva, três envelopes), uma lixeira cheia demais, um pórtico outrora suntuoso, agora vetusto, e cinco personagens nas janelas: no segundo andar, em meio a vasos de flores, um velho fumando um cachimbo ao lado do seu cão, no terceiro, um pássaro na gaiola, uma mulher e uma menina.

Parece que é verão. Deve ser algo como oito horas da noite (é curioso que as crianças não estejam deitadas). A televisão ainda não foi inventada. Tampouco se vê um único aparelho de rádio. A proprietária do prédio é provavelmente a senhora que tricota (ela não está no primeiro andar, como eu tinha achado a princípio, e sim, considerando a posição do pórtico, no piso térreo, e aquilo que chamei de térreo é, na verdade, um subsolo: a casa tem só dois andares): ela passou por alguns infortúnios e foi obrigada não só a transformar sua casa numa pensão, como também precisou dividir ao meio seus dois cômodos mais bonitos.

Um exame um pouco mais atento do desenho permitiria extrair dele, sem grandes dificuldades, detalhes de um volumoso romance: é evidente, por exemplo, que nos encontramos em uma época em que estão na moda os cabelos encaracolados (três mulheres estão usando bobes); o senhor que dorme em seu sofá desconfortável provavelmente é professor: é ele o dono da pasta de couro, e sobre sua escrivaninha tem algo que se parece bastante com uma pilha de trabalhos escolares; a senhora que está cuidando de suas próprias coisas é mãe da moça que está sentada, e é bastante verossímil que o homem que está apoiado na lareira, com um copo na mão e lançando um olhar meio perplexo para o móbile tipo Calder, seja seu futuro genro; quanto ao vizinho delas, que tem quatro filhos e um gato, ele parece atacar sua máquina de escrever como alguém que estaria devendo manuscritos para seu editor há três semanas...

2

Coisas que, de tempos em tempos, deveríamos fazer sistematicamente

No prédio em que se vive:

> fazer visitas aos vizinhos; ver o que há, por exemplo, na parede que nos é comum; constatar, ou desmentir, a homotopia das habitações. Ver como se tira proveito delas;
>
> dar-se conta de que algo como uma sensação de estranhamento pode surgir do fato de ter tomado a escada B em vez da escada A, ou de ter subido até o 5º andar apesar de morar no segundo; tentar imaginar, no próprio contexto do prédio, as bases de uma existência coletiva (vi, em uma casa antiga do XVIIIe *arrondissement* de Paris, um banheiro que era compartilhado por quatro apartamentos; o proprietário não queria pagar pela iluminação desse banheiro, e nenhum dos quatro locatários queria pagar pelos três outros, tampouco tinham aceitado a ideia de um único relógio de energia e uma conta dividida por quatro. Assim, o banheiro era iluminado por quatro lâmpadas distintas, cada uma delas acionada a partir de um dos quatro apartamentos: uma única lâmpada teria durado por uns dez anos, dia e noite, e ainda assim obviamente custaria mais barato do que a instalação de um só circuito privado).

Nos prédios em geral:

olhar para eles;
levantar a cabeça;
procurar o nome do arquiteto, o nome da empreiteira, a data de construção;
perguntar-se por que frequentemente está escrito "gás em todos os andares";
tentar se lembrar, no caso de um prédio novo, do que havia ali antes;
etc.

A RUA

1

Os prédios ficam uns ao lado dos outros. Eles são alinhados. É previsto que o sejam, é uma falta grave quando não são — diz-se, então, que estão fora de alinhamento, o que significa que se tem o direito de demoli-los para que sejam reconstruídos em alinhamento com os outros.

O alinhamento paralelo de duas séries de prédios determina aquilo que se chama de rua: a rua é um espaço que tem casas nos lados, geralmente nos seus dois lados mais compridos; a rua é o que separa as casas umas das outras e também o que permite ir de uma casa a outra, seja seguindo ou atravessando a rua. Além do mais, a rua é o que permite localizar as casas. Existem diferentes sistemas de localização; o mais disseminado, nos dias de hoje e nas nossas paragens, consiste em atribuir um nome à rua e números às casas; a denominação das ruas é um tema extremamente complexo, muitas vezes até mesmo espinhoso, sobre o qual seria possível escrever várias obras; quanto à numeração, ela não é muito mais simples: decidiu-se, primeiramente, que os números pares deveriam ficar de um lado e os números ímpares, de outro (mas, como um dos personagens de Raymond Queneau se pergunta de maneira bastante justa em *Le Vol d'Icare* [O voo de Ícaro]: "13 bis[16] é um número par ou um número ímpar?"); em segundo lugar, que, em relação ao sentido da rua, os números pares ficariam à direita (e os números ímpares, à esquerda); e, em terceiro lugar, que o referido sentido da rua seria geralmente determinado (mas há várias exceções conhecidas) pela posição da referida rua em relação a um eixo fixo, no caso, o Sena: as ruas paralelas ao rio Sena são numeradas de montante a jusante, as ruas perpendiculares partem do Sena e se afastam dele (obviamente, essas explicações dizem respeito a Paris; é possível supor razoavelmente que soluções análogas foram imaginadas para outras cidades).

Ao contrário dos prédios, que quase sempre pertencem a alguém, as ruas, em princípio, não pertencem a ninguém. Elas são divididas, de maneira bastante equitativa, entre uma zona reservada a veículos automotores, a que chamamos de via, e duas zonas obviamente mais estreitas reservadas aos pedestres, a que chamamos de calçadas. Um certo número de ruas é inteiramente reservado aos pedestres, seja de maneira permanente ou em ocasiões específicas. As zonas de contato entre a via e as calçadas permitem àqueles automobilistas que desejam parar de circular que estacionem. Como o número de veículos automotores desejosos de parar de circular é muito maior do que o número de vagas disponíveis, as possibilidades de estacionamento foram limitadas seja ao interior de determinados perímetros chamados "zonas azuis", que restringem o tempo de estacionamento, ou instaurando, mais frequentemente, um estacionamento pago.

Geralmente não há árvores nas ruas. Quando há, estão cercadas por grades. Em contrapartida, a maioria das ruas é equipada com dispositivos específicos que correspondem a diversos serviços: assim, há os postes de iluminação que se acendem automaticamente tão logo a luz do dia começa a se reduzir de maneira significativa; há paradas junto às quais os usuários podem esperar pela chegada de ônibus ou táxis; cabines telefônicas e bancos públicos; caixas nas quais os citadinos podem depositar cartas que o serviço dos correios virá coletar em horários fixos; mecanismos de contagem de tempo destinados a receber o dinheiro necessário para um estacionamento de duração limitada; cestos destinados a papéis usados e outros detritos, para os quais várias pessoas, ao passar por eles, lançam compulsivamente um olhar furtivo; semáforos para a circulação. Há igualmente placas de sinalização de tráfego que indicam, por exemplo, que convém estacionar de tal ou tal lado da rua se estivermos ou não na primeira ou na segunda quinzena do mês (o que é chamado de "estacionamento unilateral alternado"), ou que o silêncio deve ser respeitado devido à proximidade de um hospital ou, por fim e principalmente, que a rua é de mão única: a afluência de veículos automotores é de fato tamanha que a circulação seria quase impossível se não tivéssemos, há alguns anos e na maioria das aglomerações urbanas, adquirido o hábito de impor aos automobilistas que circulem somente numa determinada direção, o que obviamente os obriga às vezes a fazer longos desvios.

Em alguns cruzamentos, considerados particularmente perigosos, a comunicação entre as calçadas e a via, normalmente livre, é proibida por meio de estacas metálicas ligadas por correntes; estacas idênticas, quando colocadas na própria calçada, às vezes servem para impedir que os veículos automotores venham a estacionar sobre a calçada, algo que tenderiam a fazer com frequência caso não lhes fosse impedido. Enfim, em determinadas circunstâncias — desfiles militares, passagens de chefes de Estado etc. —, trechos inteiros de uma via podem ser interditados por meio de barreiras metálicas leves, enganchadas umas nas outras.

Em determinados pontos das calçadas, desníveis em arcos arredondados familiarmente chamados de "alças" indicam que veículos automotores podem ser estacionados no próprio interior dos prédios e que convém deixar-lhes a todo momento uma possibilidade de saída; noutros locais, pequenos ladrilhos de cerâmica embutidos na beirada das calçadas indicam que aquele trecho de calçada é reservado ao estacionamento de carros de praça.

A junção da via e das calçadas leva o nome de sarjeta: trata-se de uma zona ligeiramente inclinada, graças à qual as águas das chuvas podem escoar para o sistema de esgoto que se encontra sob a rua, em vez de se acumular em toda a largura da via, o que atrapalharia consideravelmente a circulação dos automóveis. Durante vários séculos, houve apenas uma única sarjeta, que ficava no meio da via, mas o sistema atual é considerado mais bem adaptado. Na falta de água de chuva, a manutenção das vias e das calçadas pode ser garantida graças a saídas de água que são instaladas em quase todos os cruzamentos e que podem ser abertas com chaves em formato de T, com as quais são equipados os funcionários municipais encarregados da limpeza das ruas.

Em princípio, sempre é possível passar de um lado da rua a outro usando faixas protegidas que os veículos automotores só devem cruzar com a mais extrema atenção. Essas faixas protegidas são sinalizadas por duas séries paralelas, perpendiculares ao eixo da rua, de tachões metálicos cuja cabeça tem um diâmetro de cerca de doze centímetros, daí o nome de *passages cloutés* [passagens com tachões metálicos] dado a essas zonas protegidas; ou por grandes listras pintadas de branco, dispostas de maneira oblíqua ao longo de toda a largura da rua (essas são as chamadas faixas *zebradas*). O sistema de faixas com tachões metálicos ou faixas zebradas não parece mais ter a eficácia que provavelmente teve outrora, e muitas vezes é necessário reforçá-lo com um sistema de semáforos de três cores (vermelho, amarelo e verde) que, por ter se multiplicado, acabou provocando problemas de sincronização extraordinariamente complexos que alguns dos maiores computadores do mundo e alguns dos espíritos matemáticos mais brilhantes de nossa época trabalham incessantemente para resolver.

Em diferentes locais, câmeras remotamente controladas vigiam o que acontece: há uma no topo do prédio da Câmara dos Deputados, logo abaixo da grande bandeira da França; outra na place Edmond-Rostand, no eixo do boulevard Saint-Michel; outras ainda em Alésia, na place Clichy, em Châtelet, na place de la Bastille etc.

2

Vi dois cegos na rue Linné. Eles caminhavam de braços dados. Os dois usavam longas bengalas extremamente flexíveis. Um deles era uma mulher na casa dos cinquenta anos, o outro, um rapaz bem jovem. A mulher tocava ligeiramente com a extremidade de sua bengala em todos os obstáculos verticais que se elevavam ao longo da calçada e, guiando a bengala do rapaz, fazia-o tocar também nesses obstáculos e lhe indicava, com toda rapidez e sem jamais se enganar, o que eles eram: um poste de luz, uma parada de ônibus, uma cabine telefônica, uma lixeira de papéis, uma caixa de correio, uma placa qualquer de sinalização (obviamente ela não pôde precisar o que indicava essa placa), um semáforo...

3

Trabalhos práticos.

Observar a rua, de tempos em tempos, talvez com uma preocupação ligeiramente sistemática.
Empenhar-se. Não ter pressa.
Anotar o lugar: o terraço de um café perto do cruzamento Bac-Saint-Germain
o horário: sete horas da noite
a data: 15 de maio de 1973
o tempo: bom e estável
Anotar aquilo que se vê. O que acontece de notável. Será que sabemos ver o que é notável? Tem alguma coisa que nos impressiona?
Nada nos impressiona. Não sabemos ver.

É preciso ir mais devagar, de maneira quase tola. Obrigar-se a escrever aquilo que não tem interesse, o mais óbvio, o mais comum, o mais sem graça.

A rua: tentar descrever a rua, do que ela é feita, para que serve. As pessoas nas ruas. Os carros. Que tipo de carros? Os prédios: observar que eles são bastante confortáveis, bastante luxuosos; distinguir os prédios residenciais e os prédios oficiais.

As lojas. O que se vende nas lojas? Não tem nenhum comércio de alimentação. Ah sim, tem uma padaria. Perguntar-se onde as pessoas do bairro fazem suas compras.

Os cafés. Quantos são? Um, dois, três, quatro. Por que escolher este aqui? Porque já é conhecido, porque bate sol, porque é uma tabacaria. As outras lojas: antiquários, roupas, aparelhos de som etc. Não dizer nem escrever "etc.". Forçar-se a esgotar o tópico, mesmo que pareça grotesco, ou fútil, ou estúpido. Ainda não olhamos para nada, só o que fizemos foi localizar aquilo que já havíamos localizado há muito tempo.

Obrigar-se a ver da maneira mais rasa.

Desvendar um ritmo: a passagem dos carros: os carros chegam em blocos porque, mais acima ou mais abaixo naquela rua, eles foram parados por sinais vermelhos. Contar os carros.
Olhar as placas dos carros. Identificar os carros licenciados em Paris e os outros.
Notar a ausência de táxis precisamente quando parece que há várias pessoas esperando por eles.

Ler o que está escrito na rua: tótens de publicidade, bancas de jornal, cartazes, placas de trânsito, grafites, folhetos jogados no chão, letreiros das lojas.

Beleza das mulheres.
A moda é usar saltos muito altos.

Decifrar um pedaço da cidade e deduzir suas obviedades: a obsessão pela propriedade, por exemplo. Descrever a quantidade de operações exercidas por um motorista quando estaciona simplesmente para fazer uma comprinha de cem gramas de jujuba:

— estacionar o carro por meio de um determinado número de manobras
— desligar a ignição
— tirar a chave, ativando, assim, um primeiro dispositivo antirroubo

— sair do veículo
— subir o vidro da porta esquerda da frente
— trancá-la
— verificar se a porta esquerda de trás está trancada; se não:
abri-la
acionar a trava pelo lado de dentro
bater a porta
verificar se ela está de fato trancada
— dar a volta no carro; se for o caso, verificar se o porta-malas está de fato trancado
— verificar se a porta direita de trás está trancada; se não, recomeçar o conjunto de operações já efetuado na porta traseira esquerda
— subir o vidro da porta direita da frente
— trancá-la
— antes de se afastar, lançar um olhar circular como que para se certificar de que o carro ainda está lá e de que ninguém virá pegá-lo.

Decifrar um pedaço de cidade. Seus circuitos: por que os ônibus vão de tal lugar a tal outro? Quem escolhe os itinerários, e em função de quê? Lembrar-se de que o trajeto de um ônibus parisiense *intramuros* é definido por um número de dois dígitos, sendo que o primeiro descreve o ponto final central, e o segundo, o ponto final periférico. Encontrar exemplos, encontrar exceções: todos os ônibus cujo número começa com 2 partem da Gare Saint-Lazare e, quando começa com 3, da Gare de l'Est; todos os ônibus cujo número termina em 2 levam, grosso modo, até o 16e *arrondissement* ou até Boulogne.
(Antes, eram usadas letras: o S, tão caro a Queneau,[17] se tornou o 84; comover-se com a lembrança dos ônibus antigos, com o formato dos bilhetes, com o cobrador e sua maquininha pendurada na cintura...)

As pessoas nas ruas: de onde elas vêm? Para onde vão? Quem são?

Pessoas apressadas. Pessoas lentas. Multidões. Pessoas prudentes que pegaram seus impermeáveis. Cachorros: são os únicos animais visíveis. Não se vê pássaros — ainda que se saiba que eles existem —, tampouco se pode ouvi-los. Seria possível notar um gato se enfiando debaixo de um carro, mas isso não acontece.

Nada se passa, em suma.

Tentar classificar as pessoas: as que são do bairro e as que não são do bairro. Parece que não tem turistas. A época não colabora muito e, além do mais, o bairro não é especialmente turístico. Quais são as curiosidades do bairro? A mansão de Salomon Bernard? A Igreja de São Tomás de Aquino? O número 5 da rue Sébastien-Bottin?

O tempo passa. Tomar um chope. Esperar.
Notar que as árvores estão longe (lá no boulevard Saint-Germain e no boulevard Raspail), que não tem cinemas, nem teatros, nenhum canteiro de obras visível, que a maioria das casas parece ter obedecido às normas legais de limpeza das fachadas.

Um cachorro, de espécie rara (um galgo afegão? um sloughi?)

Um land rover que parece estar equipado para atravessar o Saara (apesar de tudo, não se nota senão o insólito, o particular, o miseravelmente excepcional: é o contrário disso que deveria ser feito).

Continuar
Até que o lugar se torne improvável
até sentir, por um brevíssimo instante, a impressão de estar numa cidade estrangeira, ou, melhor ainda, até não entender mais o que está acontecendo ou o que não está acontecendo, até que o lugar inteiro se torne estrangeiro, que não se saiba sequer que aquilo é se chama cidade, rua, prédios, calçadas...

Fazer caírem chuvas diluvianas, quebrar tudo, fazer o mato brotar, substituir as pessoas por vacas, ver aparecer, no cruzamento da rue du Bac e do boulevard Saint-Germain, ultrapassando em cem metros os telhados dos prédios, o King-Kong ou o rato vitaminado dos cartoons de Tex Avery!

Ou então, ainda: esforçar-se para imaginar, com o máximo possível de precisão, debaixo da rede de ruas, o emaranhado dos esgotos, a passagem das linhas de metrô, a proliferação invisível e subterrânea das tubulações (eletricidade, gás, linhas telefônicas, canalizações de água, rede de comunicação pneumática)[18] sem a qual nenhuma vida seria possível na superfície.

Abaixo, logo abaixo, ressuscitar o eoceno: o arenito calcário, as margas e os cascalhos, a gipsita, o calcário lacustre de Saint-Ouen, as areias de Beauchamp, o calcário lutécio, as areias e as linhitas da região de Soissonnais, a argila plástica, a cal.

4

Ou então:

Rascunho de carta.

Penso em você, bastante
às vezes entro num café, me sento perto da porta,
peço um café
coloco sobre a mesinha com tampo de imitação de mármore
o meu maço de cigarros, uma caixa de fósforos, um bloco de papel, minha caneta hidrográfica
mexo demoradamente a colherinha na xícara de café (no entanto, não adoço o café, costumo bebê-lo deixando o torrão de açúcar derreter na boca, como as pessoas do norte, como os russos e os poloneses quando tomam chá)
Faço cara de preocupado, de pensativo, como se tivesse que tomar uma decisão
No alto e à direita da folha de papel, escrevo a data, às vezes o lugar, às vezes a hora, finjo que estou escrevendo uma carta

escrevo lentamente, bem lentamente, o mais lentamente possível, eu traço, desenho cada letra, cada acento, confiro os sinais de pontuação

observo atentamente um pequeno cartaz, o preço das taças e dos bombons de sorvete, uma estrutura de ferro, a cortina da vitrine, o cinzeiro amarelo e hexagonal (na verdade, é um triângulo equilátero com as pontas cortadas, nas quais foram dispostas depressões em semicírculo onde podem ser colocados os cigarros)

Do lado de fora bate um pouco de sol
o café está quase vazio
dois limpadores de fachadas bebem rum no balcão,
o patrão dá umas cochiladas atrás do caixa, a garçonete limpa a máquina de café

penso em você
você está andando na sua rua, é inverno, a gola do seu casaco de pele está levantada, você está sorridente e distante

(...)

5

Os lugares
(Notas sobre um trabalho em curso.)

Em 1969 escolhi, em Paris, 12 lugares (ruas, praças, cruzamentos, uma passagem), seja por ter morado neles ou por estarem associados a lembranças específicas.

Comecei a fazer, a cada mês, a descrição de dois desses lugares. Uma dessas descrições é feita no próprio lugar e pretende ser a mais neutra possível: sentado num café ou andando pela rua, com um caderno e uma caneta na mão, eu me esforço para descrever as casas, as lojas, as pessoas que encontro, os cartazes e, de modo geral, todos os detalhes que atraem o meu olhar. A outra descrição é feita num local diferente desse lugar: me esforço, então, para descrever o lugar de cabeça e evocar todas as lembranças que me ocorrem a respeito dele, seja dos acontecimentos que lá se deram ou das pessoas que nele encontrei. Terminadas essas descrições, eu as coloco dentro de um envelope lacrado com cera. Várias vezes, fui aos lugares que descrevia acompanhado por um(a) amigo(a) fotógrafo(a) que, livremente ou seguindo minhas indicações, tirou fotos que, então, coloquei também nos envelopes correspondentes sem olhá-las antes (exceto por uma única); do mesmo modo, me aconteceu de colocar nesses mesmos envelopes diversos elementos suscetíveis de, no futuro, fazer as vezes de testemunhos, por exemplo, bilhetes de metrô, ou notas fiscais, ou entradas de cinema, ou folhetos etc.

A cada ano recomeço essas descrições tomando o cuidado, graças a um algoritmo ao qual já fiz alusão aqui (biquadrado latino ortogonal, desta vez de ordem 12), de descrever, em primeiro lugar, cada um desses lugares em um mês diferente do ano e, em segundo lugar, de nunca descrever no mesmo mês o mesmo par de lugares.

Essa iniciativa, que não deixa de lembrar em princípio as "cápsulas de tempo", irá durar, portanto, doze anos, até que todos os lugares tenham sido descritos duas vezes doze vezes. No ano passado, como estava muito preocupado com as filmagens de *Um homem que dorme*[19] (no qual, aliás, aparece a maioria desses lugares), acabei pulando o ano de 1973 e, portanto, somente em 1981 estarei de posse (isso se eu não provocar outro atraso...) dos 288 textos resultantes dessa experiência. Então saberei se ela valia a pena: o que eu espero de fato não é nada além do rastro de um triplo envelhecimento: o dos próprios lugares, o das minhas lembranças e o da minha escrita.

O BAIRRO

1

O bairro. O que é um bairro? Você mora no bairro? Você é do bairro? Você mudou de bairro? Em que bairro você está? O bairro tem realmente algo de amorfo: um ar de paróquia ou, estritamente falando, uma fração de um distrito, um pedacinho de cidade vinculado a uma delegacia de polícia...

De maneira mais geral: a porção da cidade onde nos deslocamos facilmente a pé ou, dizendo a mesma coisa sob a forma de um truísmo, a parte da cidade para a qual não precisamos ir, porque, justamente, já estamos nela. É algo que parece evidente; mas é necessário ainda especificar que, para a maioria dos moradores de uma cidade, isso tem como corolário o fato de que o bairro também é a porção da cidade onde não se trabalha: chamamos de nosso bairro o lugar onde moramos, e não o lugar onde trabalhamos: e os lugares de residência e os lugares de trabalho quase nunca coincidem: isso também é uma obviedade, mas suas consequências são incontáveis.

A vida de bairro.

É uma expressão assaz grandiosa.

Tudo bem, tem os vizinhos, tem as pessoas do bairro, os comerciantes, a leiteria, a loja que tem todos os sortimentos para a sua casa, a tabacaria que fica aberta aos domingos, a farmácia, o correio, o café onde se é, se não um *habitué*, pelo menos um cliente regular (você cumprimenta o dono ou a garçonete).

Evidentemente, poderíamos cultivar esses hábitos, ir sempre ao mesmo açougue, deixar encomendas na mercearia, abrir uma conta na drogaria, chamar a farmacêutica pelo nome, deixar o gato com a vendedora de jornais, mas, por mais que se tente, isso não chegaria a ser uma vida, sequer poderia dar a ilusão de ser a vida: isso criaria um espaço familiar, poderia gerar um itinerário (sair de casa, ir comprar o jornal da noite, um maço de cigarros, uma embalagem de sabão em pó, um quilo de cerejas etc.), um pretexto para alguns apertos de mão frouxos (bom dia, senhora Chamissac, bom dia, senhor Fernand, bom dia, senhorita Jeanne), mas isso nunca será mais do que um arranjo meloso da necessidade, uma maneira de maquiar o aspecto mercantil.

Evidentemente, poderíamos fundar uma orquestra ou fazer teatro de rua. Dar vida ao bairro, como se diz. Agregar as pessoas de uma rua ou de um grupo de ruas em torno de algo que vai além do mero trato social, algo que é uma exigência ou uma luta.

A morte do bairro.

Também é uma expressão assaz grandiosa.

(Além do mais, há muitas outras coisas que também estão morrendo: as cidades, os campos etc.).

Lamento, acima de tudo, pelo cinema de bairro, com suas propagandas medonhas da tinturaria da esquina.

2

De tudo o que foi dito, posso tirar a conclusão, pouco satisfatória para dizer a verdade, de que não tenho senão uma ideia aproximada do que é um bairro. É verdade que me mudei bastante de bairro ao longo dos últimos anos: não tive tempo de me acostumar a eles.

Aproveito pouco o meu bairro. É só por acaso que alguns dos meus amigos vivem no mesmo bairro que eu. Em relação à minha moradia, meus principais focos de interesse estão mais para excêntricos. Não tenho nada contra o fato de me deslocar, muito pelo contrário.

Por que não privilegiamos a dispersão? Em vez de viver em um único lugar, tentando em vão nos concentrar nele, por que não termos uns cinco ou seis cômodos espalhados por Paris? Eu iria dormir em Denfert, escreveria na place Voltaire, ouviria música na place Clichy, faria amor na Poterne des Peupliers, comeria na rue de la Tombe-Issoire, leria perto do parque Monceau etc. No fim das contas, será que isso seria mais estúpido do que colocar todas as lojas de móveis no faubourg Saint-Antoine, todas as vidraçarias na rue du Paradis, todos os alfaiates na rue du Sentier, todos os judeus na rue des Rosiers, todos os universitários no Quartier Latin, todos os editores em Saint-Sulpice, todos os médicos na Harley Street, todos os negros no Harlem?

A CIDADE

1

Os telhados de Paris, deitados de
barriga pra cima, suas patinhas ao ar.
Raymond Queneau

Não tentar encontrar depressa demais uma definição para cidade; é algo grande demais, temos todas as chances de nos enganar.

De início, fazer o inventário daquilo que se vê. Catalogar tudo aquilo de que se tem certeza. Estabelecer distinções elementares: por exemplo, entre o que é a cidade e o que não é a cidade.

Interessar-se pelo que separa a cidade daquilo que não é a cidade. Observar o que acontece quando a cidade acaba. Por exemplo (já abordei esse assunto a respeito das ruas), um método absolutamente infalível para saber se estamos em Paris ou fora dela consiste em olhar o número dos ônibus: se eles têm dois algarismos, estamos em Paris, se têm três algarismos, estamos fora de Paris (infelizmente não é tão infalível assim, mas, em princípio, deveria ser).

Reconhecer que os subúrbios têm uma forte tendência a deixar de ser subúrbios.

Notar que a cidade nem sempre foi o que hoje ela é. Lembrar-se, por exemplo, que por muito tempo Auteuil ficava no campo; até meados do século XIX, quando os médicos viam que uma criança estava um pouco amarelada demais, recomendavam aos pais que fossem passar alguns dias em Auteuil para respirar o ar puro do campo (no mais, ainda existe por lá uma leiteria que continua se chamando Fazenda de Auteuil).

Lembrar-se também de que o Arco do Triunfo foi construído no campo (não era o campo de fato, estava mais para um equivalente do Bois de Boulogne, mas, em todo caso, não era a cidade de fato).

Lembrar-se também de que Saint-Denis, Bagnolet e Aubervilliers são cidades muito mais importantes do que Poitiers, Annecy ou Saint-Nazaire.[20]

Lembrar-se de que tudo aquilo que se chama de "faubourg" encontrava-se fora da cidade (faubourg Saint-Antoine, faubourg Saint-Denis, faubourg Saint-Germain, faubourg Saint-Honoré).[21]

Lembrar-se de que, se dizíamos Saint-Germain-des-Prés [Saint-Germain-dos-Prados] é porque esses "prados" do nome existiam.

Lembrar-se de que, na origem, um "boulevard" é um passeio ladeado de árvores que dá a volta em uma cidade e ocupa normalmente o espaço onde ficavam as antigas muralhas.

Lembrar-se de que, aliás, tudo era fortificado...

2

O vento sopra do mar: os cheiros nauseabundos das cidades são empurrados para o leste na Europa e para o oeste na América. É por esse motivo que os bairros chiques ficam a oeste em Paris (o Seizième, Neuilly, Saint-Cloud, etc.) e Londres (o West End), e a leste em Nova York (o East Side).

3

Uma cidade: um bocado de pedra, de concreto, de asfalto. Os desconhecidos, os monumentos, as instituições.
Megalópoles. Cidades tentaculares. Artérias. Multidões. Formigueiros?
O que é o coração de uma cidade? A alma de uma cidade? Por que dizemos que uma cidade é bonita ou que uma cidade é feia? O que há de bonito e o que há de feio em uma cidade? Como passamos a conhecer uma cidade? Como conhecemos nossa própria cidade?

Método: seria preciso, ou renunciar a falar da cidade, a falar sobre a cidade, ou então se obrigar a falar dela da maneira mais simples do mundo, falar dela com obviedade, com familiaridade. Afastar todas as ideias preconcebidas. Parar de pensar em termos armados de antemão, esquecer o que dizem os urbanistas e os sociólogos.

Existe algo de assustador na própria ideia de cidade; temos a impressão de que só poderemos nos apegar a imagens trágicas ou desesperadas: Metrópolis, o universo mineral, o mundo petrificado, o fato de que só poderemos empilhar sem trégua perguntas sem resposta.

Nunca poderemos explicar ou justificar a cidade. A cidade está presente. Ela é o nosso espaço, e não dispomos de outro. Nascemos em cidades. Crescemos em cidades. É nas cidades que respiramos. Quando pegamos um trem, é para ir de uma cidade a outra. Não há nada de desumano em uma cidade a não ser nossa própria humanidade.

4

Minha cidade.

Moro em Paris. É a capital da França. Na época em que a França se chamava Gália, Paris se chamava Lutécia.

Assim como várias outras cidades, Paris foi construída na proximidade imediata de sete colinas. São elas: o *mont* Valérien, Montmartre, Montparnasse, Montsouris, a colina de Chaillot, as Buttes-Chaumont e a Butte-aux-Cailles, a montanha Sainte-Geneviève etc.

Eu não conheço, obviamente, todas as ruas de Paris. Mas sempre faço alguma ideia do local onde elas se encontram. Mesmo que quisesse, teria dificuldade para me perder em Paris. Disponho de vários pontos de referência. Sei quase sempre em que direção devo pegar o metrô. Conheço bastante bem o itinerário dos ônibus; sei explicar a um taxista o trajeto que quero fazer. O nome das ruas quase nunca me parece estranho, as características dos bairros me são familiares; identifico sem muita dificuldade as igrejas e outros monumentos; sei onde ficam as estações de trem. Vários lugares se vinculam a lembranças precisas: são casas onde em outros tempos viveram amigos que perdi de vista, ou então um café onde joguei *pinball* por seis horas seguidas (tendo como aposta inicial uma única moeda de vinte centavos), ou então é o jardim público onde li *A pele de onagro*,[22] enquanto ficava de olho nas traquinagens da minha sobrinha.

Adoro andar por Paris. Às vezes por uma tarde inteira, sem destino preciso, não exatamente ao acaso, nem à toa, mas tentando me deixar levar. Às vezes, pego o primeiro ônibus que para (não se pode mais pegar um ônibus a esmo). Ou então preparo cuidadosa e sistematicamente um itinerário. Se tivesse tempo para tanto, adoraria conceber e resolver problemas análogos ao das pontes de Königsberg,[23] ou, por exemplo, encontrar um trajeto que, cruzando Paris de uma ponta a outra, passasse somente por ruas que começam com a letra C.

Adoro minha cidade, mas não saberia dizer exatamente o que adoro nela. Não acredito que seja o cheiro. Estou muito acostumado aos monumentos para sentir vontade de observá-los. Gosto de certas luzes, de algumas pontes, dos terraços dos cafés. Gosto muito de passar por um lugar que não via há muito tempo.

5

Cidades estrangeiras.

Sabemos ir da estação de trem ou do terminal do aeroporto até o hotel. Esperamos que o hotel não fique longe demais. Gostaríamos de estar no centro. Estudamos com cuidado o mapa da cidade. Localizamos os museus, os parques e os lugares que nos recomendaram fortemente que visitássemos.

Vamos ver os quadros e as igrejas. Adoraríamos ficar passeando, flanando, mas não nos atrevemos a tanto: não sabemos ficar à deriva, temos medo de nos perder. Sequer andamos de verdade, vamos percorrendo a passos largos. Não sabemos direito o que olhar. Ficamos quase emocionados quando encontramos a agência da Air France, quase às lágrimas ao ver o *Le Monde* numa banca de jornal. Nenhum lugar se associa a uma lembrança, a uma emoção, a um rosto. Identificamos os salões de chá, as cafeterias, as leiterias, as tavernas, os restaurantes. Passamos diante de uma estátua. É a de Ludwig Spankerfel di Nominatore, o famoso cervejeiro. Observamos com interesse jogos completos de chaves-inglesas (temos duas horas para gastar e ficamos duas horas passeando; por que ficaríamos particularmente atraídos por isso ou por aquilo? Espaço neutro, ainda não apropriado, praticamente sem referências: não sabemos de quanto tempo precisamos para ir de um local a outro; sendo assim, sempre chegamos terrivelmente adiantados).

Dois dias talvez bastem para começarmos a nos aclimatar. No dia em que descobrimos que a estátua de Ludwig Spankerfel di Nominatore (o famoso cervejeiro) fica a meros três minutos do hotel (ao final da rua Príncipe Adalberto), sendo que antes demorávamos uma boa meia hora para chegar até ela, começamos a dominar a cidade. Isso não significa que começamos a morar nela.

Muitas vezes guardamos dessas cidades mal exploradas a lembrança de um encanto indefinível: a própria lembrança da nossa indecisão, dos nossos passos hesitantes, do nosso olhar que não sabia para onde se dirigir e que se emocionava com quase nada: uma rua quase vazia margeada por grandes plátanos (seriam plátanos mesmo?) em Belgrado, uma fachada de azulejos em Saarbrücken, as ladeiras de Edimburgo, a largura do Reno na Basileia, e o cabo — o nome exato seria cabo de tração — que guia a balsa que o atravessa...

6

Sobre o turismo.

> *Quanto a ver a cidade, ele nem pensava nisso,*
> *sendo daquela raça de ingleses que fazem*
> *seus criados visitar os países que atravessam.*
>
> Júlio Verne
>
> (*A volta ao mundo em 80 dias*)

Em vez de visitar Londres, ficar na sua própria casa, ao lado da lareira, e ler as insubstituíveis recomendações fornecidas pelo guia Baedeker (edição de 1907):

> *A temporada* (season), *isto é, os meses de maio, junho e julho, é a época mais favorável para visitar Londres; é quando o Parlamento realiza suas sessões, a alta sociedade reside na cidade, os principais atores ocupam o palco dos grandes teatros e as exposições artísticas se encontram em pleno esplendor. O restante do país pode ser visitado o ano todo, com exceção das montanhas.*
>
> *... Se não encontrar um* policeman *na vizinhança, peça suas informações em algum comércio. Dirija-se a um desconhecido somente em caso de absoluta necessidade e não responda a nenhuma pergunta de um transeunte, sobretudo em francês, pois essa pergunta provavelmente será a preliminar para um roubo ou um golpe de vigarice. O estrangeiro, ademais, deve estar continuamente diligente e, acima de tudo, sempre prestar atenção à sua bolsa e relógio. Lembrar-se desta recomendação ao optar por uma ferrovia ou* omnibus, *tanto quanto ao descer de um deles, em suma, em toda a parte onde houver uma multidão. Notar-se-á que é praxe, para os pedestres, manter-se à direita nas ruas mais movimentadas. Evitar também, à noite, os bairros pobres e as ruas afastadas.*
>
> *Os caminhos de ferro dos metrôs (...) são importantes vias de circulação para longos deslocamentos em Londres. Eles passam, o mais frequentemente, sob a terra, a pouca profundidade, em túneis ou em trincheiras ladeadas por altas muralhas (...). Os trens circulam no cinturão interno da cidade de 5h ½ da manhã até por*

volta de meia-noite (...). Pode-se comprar um bilhete (ticket) *no guichê* (booking-office) *e descer para a plataforma. No primeiro patamar, um inspetor lhe indica por qual lado* (platform) *se deve subir. O grande "O" vermelho nos bilhetes significa "outer", ou seja, via externa, e o grande "I", "inner", ou seja, interna. Uma sinalização indica a direção do próximo trem, e o nome da última estação atendida é marcado em letras grandes na dianteira da locomotiva. Os condutores anunciam as estações, cujos nomes, além do mais, são exibidos em painéis, sobre as lanternas e nos encostos dos bancos da plataforma. Paradas muito curtas: apressar-se.*

Médicos. Recomendam-se os doutores: L. Vintras, médico da Embaixada da França e do hospital francês (...); H. de Méric (cirurgião) (...); H. Dardenne (...); P. J. Baranoff, médico do hospital francês (...); Naumann, médico do hospital italiano (...). Dentistas: A. A. Goldsmith (americano) (...); H. L. Coffin (americano) (...); Pierrepoint (americano) etc. Farmácias (nenhuma farmácia francesa)...

Cronograma: duas semanas mal são suficientes, mesmo para um viajante infatigável e que se contenta com uma olhadela superficial, para se fazer uma ideia minimamente clara de Londres e seus arredores. Uma distribuição metódica do tempo tende a facilitar muito essa empreitada (...). Pela manhã e à tarde, é possível visitar as igrejas, pois muitas delas ficam abertas durante todo o dia, passear pelos parques e conhecer os jardins botânico e zoológico. À tarde, de 5 a 7h, antes do jantar, deve-se dar uma volta pela Regent Street ou pelo Hyde Park, sempre animados por uma multidão compacta, elegantes cavaleiros e carruagens em grande número.

Caso se esteja pela vizinhança da ponte de Londres, deve-se aproveitar cada instante disponível para ver o porto e seus arredores, as embarcações que chegam ou partem, e a enorme circulação nos cais. Recomenda-se, sobretudo, a excursão até Gravesend para desfrutar desse espetáculo grandioso e único em todo o mundo.

7

Exercícios.

Descrever as operações que efetuamos ao pegar o metrô com a mesma minúcia que o guia Baedeker emprega para descrever o metrô de Londres em 1907

Pensar outra vez em algumas das propostas feitas pelos surrealistas para embelezar a cidade:

> O obelisco: arredondá-lo e colocar em seu topo uma pena de aço à sua medida
>
> A torre Saint-Jacques: inclina-la ligeiramente
>
> O leão de Belfort: fazê-lo roer um osso e virá-lo para o oeste
>
> O Panteão: cortá-lo verticalmente e afastar as duas metades em 50 centímetros

Tentar calcular, valendo-se de mapas e planos adequados, um itinerário que permita pegar sucessivamente todos os ônibus da capital.

Tentar imaginar o que Paris virá a ser:

> *Paris tornar-se-á um jardim de inverno; — espaldeiras de árvores frutíferas no boulevard. O Sena filtrado e aquecido, — abundância de pedras preciosas artificiais, — prodigalidade da douração, —*

iluminação das casas — a luz será armazenada, pois há corpos que têm essa propriedade, como o açúcar, a carne de determinados moluscos e o fósforo de Bolonha. Seremos obrigados a cobrir as fachadas das casas com uma substância fosforescente, e a radiação delas iluminará as ruas.

Gustave Flaubert
(rascunhos de *Bouvard et Pécuchet*,
plano final, Pléiade, II, 986)

O CAMPO

1

Não tenho muito a dizer a respeito do campo: o campo não existe, é uma ilusão.

Para a maioria dos meus semelhantes, o campo é um espaço de lazer que circunda suas casas de veraneio, margeia parte das estradas que eles pegam na sexta-feira à noite rumo a elas e pelo qual, se tiverem um pouco de coragem, andarão por alguns poucos metros no domingo à tarde antes de voltar para a cidade, na qual, durante o resto da semana, farão as vezes de trovadores do retorno à natureza.

Como todo mundo, no entanto, estive várias vezes no campo (a última delas me lembro muito bem, foi em fevereiro de 1973; fazia muito frio). De resto, gosto do campo (também gosto da cidade, já disse isso, não sou uma pessoa difícil): gosto de estar no campo: come-se pão rústico, respira-se melhor, às vezes vê-se animais que praticamente não se vê nas cidades, acende-se o fogo nas lareiras, joga-se *scrabble* ou outros jogos de tabuleiro. De modo geral tem-se mais espaço do que na cidade, há que se reconhecer, e quase tanto conforto, às vezes tanta calma quanto. Mas absolutamente nada disso me parece o suficiente para constituir uma diferença pertinente.

O campo é um país estrangeiro. Não deveria sê-lo, mas é assim que acaba acontecendo; poderia não ser desse jeito, mas assim foi e assim continuará sendo de agora em diante: é tarde demais para mudar qualquer coisa que seja a esse respeito.

Sou um homem das cidades; nasci, cresci e vivi em cidades. Meus hábitos, meus ritmos e meu vocabulário são os hábitos, os ritmos e o vocabulário de um homem das cidades. A cidade me pertence. Nela estou em casa: o asfalto, o concreto, as grades, a rede de ruas, a monotonia das fachadas a perder de vista, são coisas que podem me impressionar ou me escandalizar, mas do mesmo jeito que eu poderia me escandalizar ou me impressionar, por exemplo, com a extrema dificuldade que existe em querer olhar a própria nuca ou a injustificável existência dos sinus (frontais ou maxilares). No campo, nada me escandaliza; por convenção, eu poderia dizer que tudo me impressiona; na verdade, tudo me deixa mais ou menos indiferente. Aprendi muitas coisas na escola e ainda sei que Metz, Toul e Verdun formavam os Três Bispados, que delta é igual a b^2 menos $4\ ac$, e que ácido mais base resulta em sal mais água, mas não aprendi nada em relação ao campo, ou então esqueci tudo o que me ensinaram a esse respeito. Já me aconteceu de ler em livros que os campos eram apinhados de camponeses, que os camponeses acordavam e iam dormir com o sol, e que o trabalho deles consistia, entre outras coisas, em lançar cal, margar, alternar culturas, quebrar a alternância das culturas, arar, nivelar, adubar, carpir, sachar, debulhar. Para mim, as operações expressas por todos esses termos são mais exóticas do que as que regem, por exemplo, o conserto de uma caldeira mista de calefação central, área de conhecimento na qual, de todo modo, não sou nem um pouco versado.

É claro que existem os grandes campos amarelos sulcados por máquinas cintilantes, os arvoredos, as pradarias repletas de alfafa e as videiras a perder de vista. Mas não sei nada desses espaços, eles são impraticáveis para mim. As únicas coisas que cheguei a conhecer foram os envelopinhos de sementes da Vilmoran ou da Truffaut, as fazendas repaginadas em que a canga dos bois foi transformada em suporte de lustre e os medidores de grãos, em lixeiras de papel (eu tenho uma dessas, que prezo bastante), os textos que se compadecem com a criação de bezerrinhos e a nostalgia das cerejas comidas direto do pé.

2

A utopia da aldeia.

Para começar, teríamos estudado na mesma escola que o carteiro.

Saberíamos que o mel do professor é melhor do que o do chefe da estação (não, o chefe de estação não existiria mais, apenas um guarda-barreira: há vários anos os trens não parariam mais ali, teriam sido substituídos por uma linha de ônibus, mas ainda haveria uma passagem de nível não automatizada).

Saberíamos se ia chover só de olhar a forma das nuvens sobre a colina, conheceríamos os lugares onde ainda haveria lagostins, nos lembraríamos da época em que o mecânico da oficina colocava ferraduras nos cavalos (esticar um pouco, até quase sentir vontade de acreditar, mas nem tanto assim...).

Claro, conheceríamos todo mundo e as histórias de todo mundo. Todas as quartas-feiras, o charcuteiro vindo de Dampierre buzinaria na frente de casa trazendo chouriços. Todas as segundas-feiras, a senhora Blaise viria fazer faxina.

Iríamos com as crianças colher amoras silvestres ao longo das trilhas; faríamos companhia a elas na busca por cogumelos; pediríamos que fossem caçar escargots.

Ficaríamos atentos à passagem do ônibus das sete horas. Adoraríamos nos sentar no banco da aldeia, debaixo de um olmo centenário, na frente da igreja.

Percorreríamos os campos com botas de cano alto e um bastão com ponta de ferro, com auxílio do qual decapitaríamos as ervas daninhas.

Jogaríamos truco com o guarda florestal.

Iríamos buscar madeira nos bosques do vilarejo.

Saberíamos reconhecer os pássaros pelo canto.

Conheceríamos cada uma das árvores do nosso pomar.

Esperaríamos o retorno das estações.

3

Alternativa nostálgica (e falsa):

Ou então fincar raízes, encontrar ou moldar as raízes, arrancar do espaço o lugar que será nosso, construir, plantar, se apropriar, milímetro por milímetro, do nosso "lar": estar por inteiro em nossa aldeia, saber-se oriundo das Cevenas, tornar-se alguém da região de Poitou.

Ou então não ter senão nossas roupas na mochila, não guardar nada, viver em hotéis, sempre trocando de um para outro, e mudar de cidade, e mudar de país; falar e ler indistintamente quatro ou cinco línguas; não se sentir em casa em lugar algum, mas sentir-se bem em quase toda parte.

SOBRE O MOVIMENTO

Vivemos em algum lugar: em um país, em uma cidade desse país, em um bairro dessa cidade, em uma rua desse bairro, em um prédio dessa rua, em um apartamento desse prédio.

Há muito tempo deveríamos ter adquirido o hábito de nos deslocar, de nos deslocar livremente, sem que isso nos custasse esforço. Mas não o fizemos: continuamos lá onde estávamos; as coisas continuaram como estavam. Não nos perguntamos por que era ali e não noutro lugar, por que era daquele jeito e não de outro. Em seguida, obviamente, já era tarde demais, a rotina tinha criado raízes. Passamos a achar que estávamos bem ali onde estávamos. No fim das contas, estávamos tão confortáveis ali quanto estaríamos no lugar em frente.

Temos dificuldade em mudar, a menos que seja para trocar os móveis de lugar. Mudar de casa é todo um drama. Ficamos no mesmo bairro e lamentamos quando nos mudamos dele.

Acontecimentos extremamente graves são necessários para que a gente consinta em se mexer: guerras, fome, epidemias.

Temos dificuldade em nos aclimatar. Aqueles que chegaram alguns dias antes de nós, nos encaram de cima. Você fica no seu canto, com aqueles que são do seu canto; você evoca com nostalgia a sua pequena aldeia, o seu riozinho, o grande campo de mostarda que se descobria ao sair da rodovia federal.

O PAÍS

1

Fronteiras.

Os países são separados uns dos outros pelas fronteiras. Cruzar uma fronteira é algo sempre um pouco emocionante: um limite imaginário, materializado por uma barreira de madeira que, no mais, nunca está realmente sobre a linha que ela supostamente representa, e sim algumas dezenas ou centenas de metros aquém ou além, o que basta para mudar tudo, até mesmo a paisagem: é o mesmo ar, a mesma terra, mas a estrada não é de todo a mesma, a grafia das placas de sinalização muda, as padarias não se parecem mais exatamente com aquilo que, um instante atrás, chamávamos de padaria, os pães não têm mais a mesma forma, não são mais as mesmas embalagens de cigarro rolando pelo chão...

(Notar aquilo que permanece idêntico: a forma das casas? a forma dos campos? os rostos? os emblemas da "Shell" nos postos de gasolina, os painéis da "Coca-Cola", praticamente idênticos, como provou uma recente exposição de fotografias, da Terra do Fogo à Escandinávia e do Japão à Groenlândia, as normas para condução de automóveis (com algumas variantes), o espaçamento das vias férreas (exceto na Espanha) etc.)

Em 1952, em Jerusalém, tentei colocar o pé na Jordânia, passando por baixo de arames farpados; fui impedido de fazê-lo pelas pessoas que me acompanhavam: parece que o local era minado. De todo modo, não é a Jordânia que eu teria tocado, mas um certo nada, uma *no man's land.*

Em outubro de 1970, em Hof, na Baviera, eu abarquei com um só olhar, como se diz, algo que fazia parte da Alemanha Ocidental, algo que fazia parte da Alemanha Oriental e algo que fazia parte da Tchecoslováquia: era, nessa circunstância, uma ampla superfície cinzenta e morosa, e alguns bosques. O albergue — alemão-ocidental — de onde se descobria esse panorama era bastante frequentado.

Em maio de 1961, não distante das ruínas de Sbeitla, na Tunísia, em algum lugar do lado de Kasserine, vi a fronteira argelina: uma simples fileira de arames farpados; a algumas centenas de metros, via-se uma fazenda em ruínas que ficava na Argélia. A Linha Morice, que ainda estava em operação, passava logo atrás, me disseram.[24]

As fronteiras são linhas. Milhões de homens morreram por causa dessas linhas. Milhares de homens morreram porque não conseguiram atravessá-las: a sobrevivência passava então pela travessia de um simples rio, de uma pequena colina, de uma floresta tranquila: do outro lado, ficava a Suíça, o país neutro, a zona livre...

(*A grande ilusão*: não se disparava contra prisioneiros em fuga a partir do instante em que eles tinham atravessado a fronteira...)[25]

Brigava-se por pedaços minúsculos de espaços, nacos de colinas, alguns metros de beira-mar, picos rochosos, a esquina de uma rua. Para milhões de homens, a morte veio de uma ligeira diferença de nível entre dois pontos às vezes a menos de cem metros de distância: brigava-se ao longo de semanas para tomar ou retomar a Cota 532.[26]

(Um dos generais que liderava o exército francês durante a guerra de 14-18 se chamava general Nivelle...)

2

Meu país.

O território nacional (a Pátria-Mãe — em alemão, *Vaterland* —, a Nação, o País, a França, o Hexágono) é um Estado da Europa Ocidental que corresponde à maior parte da Gália cisalpina. Ele está compreendido entre 42° 20' e 51° 5' de latitude norte e entre 7° 11' de longitude oeste e 5° 10' de longitude leste. Sua superfície é de 528.576 quilômetros quadrados.

Em cerca de 2.640 quilômetros, esse território é ladeado por um espaço marítimo que constitui as "águas territoriais" francesas.

O território nacional é encimado, na totalidade de sua superfície, por um "espaço aéreo".

A defesa, a integridade e a segurança desses três espaços, terrestre, marítimo e aéreo, são objeto de preocupações constantes por parte dos poderes públicos.

Não penso ter nada de especial, ou de espacial, a acrescentar no que diz respeito ao meu país.

EUROPA
Uma das cinco partes do mundo.

VELHO CONTINENTE
A Europa, a Ásia e a África.

NOVO CONTINENTE
Epa, rapaziada, nós fomos descobertos!
(um índio ao avistar Cristóvão Colombo)

O MUNDO

O mundo é grande.
Aviões o cruzam em todas as direções, a todo momento.

Viajar.
Poderíamos nos obrigar a seguir uma latitude determinada (Júlio Verne, *Os filhos do capitão Grant*), ou percorrer os Estados Unidos da América respeitando a ordem alfabética (Júlio Verne, *O testamento de um excêntrico*) ou ligando a passagem de um Estado a outro à existência de cidades homônimas (Michel Butor, *Móbile*).[27]

Maravilhamento e decepção das viagens. Ilusão de ter vencido a distância, de ter apagado o tempo.
Estar longe.

Ver *de verdade* alguma coisa que por muito tempo foi uma imagem em um velho dicionário: um gêiser, uma queda d'água, a baía de Nápoles, o lugar onde estava Gavrilo Princip quando atirou no arquiduque Francisco Ferdinando da Áustria e na duquesa Sofia de Hohenberg, na esquina da rua François-Joseph e do cais Appel, em Sarajevo, bem em frente à taverna dos Irmãos Simic, em 28 de junho de 1914, às onze horas e quinze.

Ou então ver, bem distante de seu suposto local de origem, um objeto perfeitamente feio, por exemplo, uma caixa enfeitada de conchas, com os dizeres "Lembrança de Dinard", num chalé na Floresta Negra, ou perfeitamente comum, feito um cabide com a inscrição "Hôtel Saint-Vincent, Commercy" num *bed and breakfast* de Inverness, ou perfeitamente improvável, como o *Recenseamento Arqueológico do Departamento de Tarn*, redigido pelo senhor H. Crozes, Paris, 1865, in-4º, 123 p., no salão de uma pensão familiar em Regensburg (mais conhecida na França como Ratisbonne).

Ver aquilo que sempre sonhamos ver. Mas o que sempre sonhamos ver? As grandes pirâmides? O retrato de Melanchthon por Cranach? O túmulo de Marx? O de Freud? Bucara e Samarcanda? O chapéu usado por Katherine Hepburn em *Vivendo em dúvida*?[28]
(Um dia, indo de Forbach a Metz, fiz um desvio para ver, em Saint-Jean-Rohrbach, o local de nascimento do general Éblé.)[29]

Ou então, descobrir aquilo que nunca vimos, que não esperávamos, que não imaginávamos. Mas como dar exemplos? Não é o que, ao longo do tempo, foi listado no leque de surpresas ou maravilhas deste mundo; não é nem o grandioso, nem o impressionante; não é tampouco o estrangeiro, necessariamente: ao contrário, seria mais o familiar reencontrado, o espaço fraternal...

O que podemos conhecer do mundo? Do nascimento até a morte, que quantidade de espaço nosso olhar imagina abranger? Quantos centímetros quadrados do planeta Terra as solas de nossos pés terão tocado?

Percorrer o mundo, cruzá-lo em todas as direções, nunca será mais do que conhecer alguns de seus ares e acres: minúsculas incursões por vestígios desencarnados, arrepios de aventura, buscas improváveis petrificadas em brumas açucaradas das quais nos restarão na memória alguns detalhes: para além dessas estradas e estações, e das pistas cintilantes dos aeroportos, e das porções estreitas de terrenos que um trem noturno em alta velocidade ilumina por um breve instante, para além dos panoramas há muito esperados e tarde demais descobertos, e dos amontoados de pedra e dos amontoados de obras de arte, serão talvez três crianças correndo por uma estrada toda branca, ou ainda uma casinha na saída de Avignon, com uma porta de treliça outrora pintada de verde, o recorte das árvores em silhueta no pico de uma colina nos arredores de Saarbrücken, quatro obesos hilários no terraço de um café nos subúrbios de Nápoles, a rua principal de Brionne, em Eure, dois dias antes do Natal, por volta das seis da tarde, o frescor de uma galeria coberta no *souk*[30] de Sfax, uma minúscula barragem no meio de um lago escocês, uma estrada em zigue-zague perto de Corvol-l'Orgueilleux... E junto com eles, irredutível, imediato e tangível, o sentimento da concretude do mundo: algo de claro, de próximo a nós: o mundo não mais como um percurso a ser refeito sem parar, não como uma corrida sem fim, um desafio a ultrapassar o tempo todo, não mais como pretexto único de uma acumulação desesperada, nem como ilusão de uma conquista, mas como reencontro de um sentido, percepção de uma escritura terrestre, de uma *geografia* de que esquecemos ser os autores.

O ESPAÇO

... tanto que o mundo e o espaço pareciam ser o espelho um do outro, um e outro minuciosamente historiados de hieróglifos e ideogramas, cada qual podendo ser um sinal ou não: uma concreção calcária no basalto, uma crista erguida pelo vento na areia coagulada do deserto, a disposição dos olhos nas plumas do pavão (aos poucos o viver entre sinais nos levava a tomar por sinais as inumeráveis coisas que antes lá estavam sem assinalar senão sua própria presença, e as havia transformado no sinal de si mesmas e as ajuntara à série de sinais feitos de propósito por quem queria fazer um sinal), as estrias do fogo contra uma parede de rocha xistosa, a quadringentésima vigésima sétima canelura — um pouco de viés — da cornija do frontão de um mausoléu, uma sequência de estrias num vídeo durante uma tempestade magnética (a série de sinais se multiplicava na série de sinais dos sinais, de sinais repetidos inumeráveis vezes sempre iguais e sempre de certo modo diferentes porque ao sinal feito de propósito se somava outro sinal ali chegado por acaso), a perna mal estampada de um R que num exemplar de um jornal da tarde se encontrava com uma escória filamentosa do papel, uma entre as oitocentas mil escoriações de um paredão alcatroado num interstício das docas de Melbourne, a curva de uma estatística, uma freada no asfalto, um cromossomo...

Italo Calvino
(*Cosmicomics*)[31]

Nós nos valemos de nossos olhos para ver. Nosso campo visual nos revela um espaço limitado: algo vagamente redondo, que se detém bem rápido à direita e à esquerda, e que não desce nem sobe muito alto. Ao vesguear, chegamos a ver a ponta do próprio nariz; ao erguer os olhos, vemos que existe um alto, ao abaixar os olhos, vemos que existe um baixo; ao virar a cabeça em um sentido, depois em outro, não chegamos sequer a ver completamente o que há ao nosso redor; é preciso fazer o corpo girar para ver de fato o que há atrás.

Nosso olhar percorre o espaço e nos dá a ilusão do relevo e da distância. É assim que construímos o espaço: com um alto e um baixo, uma esquerda e uma direita, um adiante e um detrás, um perto e um longe.

Quando nada impede o nosso olhar, ele alcança bem longe. Mas se não encontra nada, ele não vê nada; só vê aquilo que encontra: o espaço é o que impede o olhar, é nele que a vista esbarra: o obstáculo: uns tijolos, uma quina, um ponto de fuga: o espaço é quando uma quina se faz, quando algo se interpõe, quando é preciso virar para tornar a partir. Não tem nada de ectoplásmico, o espaço; tem bordas, não parte em todas as direções, faz tudo o que é preciso fazer para que os trilhos das vias férreas se encontrem bem antes do infinito.

SOBRE AS LINHAS RETAS

Aqui eu tinha feito um capítulo sobre as linhas curvas, para provar a excelência das linhas retas...

Uma linha reta! A senda pela qual os cristãos devem seguir, dizem os Pais da Igreja.

O emblema da retidão moral, diz Cícero.

A melhor de todas as linhas, dizem os plantadores de couve.

É a linha mais curta, diz Arquimedes, que se pode traçar de um ponto a outro.

Mas um autor tal como eu, e tal como muitos outros, não é um geômetra; e abandonei a linha reta.

Laurence Sterne
(*Tristram Shandy*, capítulo 240)[32]

MEDIDAS

Como todo mundo, suponho, sinto-me atraído pelos pontos zero: esses eixos e pontos de referência a partir dos quais podem ser determinadas as posições e as distâncias de qualquer objeto do universo:

— o equador
— o meridiano de Greenwich
— o nível do mar

ou ainda aquele círculo, no adro da Notre-Dame (infelizmente, ele desapareceu durante a construção do estacionamento e ninguém cogitou colocá-lo de volta em seu lugar), a partir do qual se calculam todas as distâncias rodoviárias na França.

Quando ia de Túnis a Sfax, eu adorava passar diante da placa (ela também desapareceu desde então) que indicava a que distância se encontravam Trípoli, Bengasi, Alexandria e Cairo.

Adoro saber que Pierre-François-André Méchain, nascido em Laon em 1744, e Jean-Baptiste Joseph Delambre, nascido em Amiens em 1749, foram de Dunquerque a Barcelona com a única finalidade de verificar o comprimento que deveria ter o metro (parece que, na verdade, Méchain tinha se enganado em seus cálculos).

Adoro saber que à meia distância dos vilarejos de Frapon e La Presle, na comuna de Vesdun, departamento do Cher, encontra-se uma placa sinalizando que se está exatamente no *centro* da França continental.

Mesmo aqui, neste momento, não me seria de forma alguma impossível determinar minha posição em graus, minutos, segundos, décimos e centésimos de segundos: algum lugar em torno do 49º grau de latitude norte, algum lugar em torno de 2º 10' 1" 4 a leste do meridiano de Greenwich (ou apenas algumas frações de segundo a oeste do meridiano de Paris), e algumas dezenas de metros acima do nível do mar.

Li recentemente que, na Inglaterra, uma carta foi postada tendo como endereço apenas uma latitude e uma longitude. O remetente, evidentemente, era, se não geógrafo, pelo menos agrimensor ou agente do censo, e o destinatário, é verdade, morava sozinho em uma casa suficientemente isolada para ser efetivamente localizável. Tal endereço não impediu que a carta tenha chegado. O *Postmaster-General*, equivalente britânico do Ministro dos Correios e Telecomunicações, publicou um comunicado no qual manifestava a grande estima que nutria por seus carteiros, mas preveniu que, no futuro, tais subscrições não seriam mais levadas em consideração; o mesmo vale para os endereços em versos: os carteiros têm mais o que fazer do que resolver charadas; o caminho percorrido por uma carta de seu ponto de partida até o ponto de chegada é uma estrita questão de código: Mallarmé, Latis ou a cartografia não passam de fatores de ruído...

O espaço parece ser ou mais domesticado ou mais inofensivo do que o tempo: encontramos por toda parte pessoas que têm relógios de pulso, e muito raramente pessoas que têm bússolas. Sempre temos a necessidade de saber a hora (e quem ainda sabe deduzi-la a partir da posição do sol?), mas nunca nos perguntamos onde estamos. Acreditamos já sabê-lo: estamos em casa, estamos no escritório, estamos no metrô, estamos na rua.

Claro, é evidente — mas o que não é evidente? De tempos em tempos, porém, deveríamos nos perguntar *onde* estamos (perdidos): fazer um balanço: não só acerca dos seus estados de alma, da sua fragilidade, das suas ambições, das suas crenças e razões de ser, mas de sua simples posição topográfica, não tanto em relação aos eixos citados anteriormente, mas mais em relação a um lugar ou a um ser no qual se pensa, ou no qual, assim, você vai começar a pensar. Por exemplo, ao pegar, nos Invalides, o ônibus que vai te levar ao aeroporto de Orly, imaginar a pessoa que você vai recepcionar, imaginá-la sobrevoando os cumes gelados de Grenoble, tentar, enquanto o ônibus cava para si um caminho difícil em meio aos engarrafamentos da avenue du Maine, figurar seu lento avanço num mapa da França, a travessia do rio Ain, do Saône-et-Loire, do Nièvre e do Loiret... Ou ainda, de maneira mais sistemática, interrogar-se, num momento preciso do dia, acerca das posições ocupadas por alguns de seus amigos, uns em relação aos outros e em relação a você: registrar as diferenças de nível (aqueles que, como você, moram no primeiro andar, aqueles que vivem no quinto, no décimo primeiro etc.), as orientações, imaginar seus deslocamentos no espaço.

Noutros tempos, como todo mundo, suponho, e provavelmente numa daquelas agendinhas trimestrais que a livraria Gibert distribuía quando, na volta às aulas, íamos trocar as apostilas Carpentier-Fialip e Roux-Combaluzier do ano anterior pelas apostilas Carpentier-Fialip e Roux-Combaluzier do novo ano, eu escrevia meu endereço da seguinte maneira:

Georges Perec
18, rue de l'Assomption
Escada A
3º andar
Porta à direita
Paris 16ème
Sena
França
Europa
Mundo
Universo

BRINCAR COM O ESPAÇO

Brincar com os grandes números (fatoriais, sequências de Fibonacci, progressões geométricas):

Distância da Terra à Lua: uma folha de papel para enrolar cigarros tão fina que seriam necessárias 1.000 para obter um milímetro, dobrada ao meio 49 vezes consecutivas;

Distância da Terra ao Sol: a mesma folha, dobrada ao meio 58 vezes consecutivas;

Distância de Plutão ao Sol: sempre a mesma folha: ao dobrá-la 4 vezes mais, ficamos um pouco apertados, mas ao dobrá-la 5 vezes mais, ultrapassamos um pouco os 3.000.000.000 de quilômetros;

Distância da Terra até Alfa Centauri: 15 dobras a mais.

Brincar com as distâncias: preparar uma viagem que lhe permitirá visitar todos os lugares que se encontram a 314,60 km do seu domicílio;

Observar em planos e mapas oficiais o caminho que foi percorrido.

Brincar com as medidas: reabituar-se aos pés e às léguas (seria somente para ler Stendhal, Dumas ou Júlio Verne com mais comodidade); tentar conceber, de uma vez por todas, uma ideia precisa do que é uma milha marítima (e, na mesma ocasião, um nó); lembrar-se de que uma *jornada* é uma unidade de extensão: é a superfície que um agricultor consegue lavrar em um dia.

Brincar com o espaço:

Provocar um eclipse solar erguendo o dedinho (o que faz Leopold Bloom, em *Ulisses*).

Posar para uma fotografia sustentando a Torre de Pisa...

Começar a se habituar à vida em estado de ausência de gravidade:

Esquecer as verticais e as horizontais: gravuras de Escher, o interior de veículos interplanetários em *2001: uma odisseia no espaço*.

Meditar sobre esses dois pensamentos geniais (e, além do mais, complementares):

> *Penso com frequência na quantidade de carne que seria necessária para fazer um ensopado com o Lago de Genebra.*
>
> Pierre Dac
> *L'Os à Moelle*[33]

> *Os elefantes geralmente são desenhados menores do que o tamanho natural, mas uma pulga, sempre maior.*
>
> Jonathan Swift
> *Thoughts on Various Subjects*[34]

A CONQUISTA DO ESPAÇO

1

A casa itinerante do Sr. Raymond Roussel
(trecho da *Revue du Touring-Club de France*).

O autor de Impressões da África, *cuja genialidade é louvada por tantos espíritos distintos, fez constar de seus planos um automóvel de 9 metros de comprimento por 2,30 m de largura.*

Esse veículo é uma verdadeira casinha. Devido a disposições engenhosas, ele comporta: uma sala, um quarto de dormir, um estúdio, uma sala de banho e até mesmo um pequeno dormitório para o corpo de funcionários, que é composto de três homens (dois choferes e um criado).

A carroceria, desenvolvida por Lacoste, é de grande elegância, e seu arranjo interno é tão original quanto engenhoso. (...) O quarto de dormir se transforma durante o dia em sala ou estúdio; quanto à parte dianteira (atrás da poltrona do motorista), à noite ela se torna um quartinho onde os três homens acima mencionados podem ficar à vontade e fazer sua toalete (há um lavabo no compartimento (...) à esquerda da poltrona do motorista e do volante de direção).

A decoração interna da casa itinerante do Sr. Raymond Roussel é assinada por Maple.

Possui aquecimento elétrico e uma lareira a gás de petróleo. O aquecedor de água funciona igualmente a gás de petróleo.

O mobiliário foi planejado para atender a todas as necessidades. Inclui até mesmo um cofre-forte marca Fichet.

Uma excelente aparelhagem de telegrafia sem fio permite captar os programas de todos os transmissores europeus.

Esta descrição, ainda que breve, permite ver que essa verdadeira casa de campo itinerante — que pode ser completada com uma cozinha a reboque — permite a seu proprietário dispor, em um contexto apenas um pouco apertado, de todas as regalias de um lar doce lar.

O chassi sobre o qual essa luxuosa instalação se encontra montada é um chassi Saurer. Em superfícies planas, a velocidade normal é de 40 quilômetros por hora. As descidas mais difíceis são encaradas sem medo graças ao dispositivo de freio motor.

A direção permite um grande "esterçamento", qualidade bastante apreciável quando se está às voltas com as curvas e torneios das estradas de montanha.

(...) Mal acabara de ser construída, essa caravana itinerante partiu (...) para realizar uma trilha de 3.000 quilômetros através da Suíça e da Alsácia. A cada noite o Sr. Roussel mudava de horizonte.

Ele retornou de sua viagem com impressões sem igual.

2

São Jerônimo em seu gabinete de trabalho
por Antonello da Messina (Londres, National Gallery).

O gabinete de trabalho é um móvel de madeira colocado sobre os ladrilhos de uma catedral. Ele repousa sobre um estrado ao qual se sobe por meio de três degraus e contém principalmente seis nichos abastecidos com livros e diversos objetos (especialmente caixas e um vaso), e uma superfície de trabalho cuja parte plana suporta dois livros, um tinteiro e uma pluma, e a parte inclinada, o livro que o santo está lendo. Todos os seus elementos são fixos, ou seja, constituem o móvel propriamente dito, mas há também sobre o estrado uma poltrona, sobre a qual o santo está sentado, e um baú.

O santo ficou descalço para subir no estrado. Ele colocou seu chapéu de cardeal sobre o baú. Está usando uma veste vermelha (de cardeal) e traz na cabeça uma espécie de capelo igualmente vermelho. Ele se porta bem ereto em sua poltrona, e bem afastado do livro que está lendo. Seus dedos deslizaram para dentro das páginas como se ele apenas folheasse o livro, ou então como se precisasse revisitar frequentemente partes anteriores da leitura. No alto de uma das prateleiras, diante do santo e bem acima dele, ergue-se um minúsculo Cristo na cruz.

De um lado das prateleiras estão fixados dois ganchos austeros, um deles portando um tecido que talvez seja uma casula ou uma estola, mas mais provavelmente uma toalha.

Sobre uma parte frontal do estrado, encontram-se duas plantas em vasos, uma das quais talvez seja uma laranjeira anã, e um gatinho tigrado cuja posição leva a pensar que está num estado de sono leve. Acima da laranjeira, na lateral da mesa de trabalho, está fixada uma etiqueta que, como quase sempre acontece nas obras de Antonello da Messina, traz o nome do pintor e a data de execução do quadro.

De cada lado e acima do gabinete de trabalho, pode-se ter uma ideia do resto da catedral. Ela está vazia, exceto por um leão que, à direita, com uma pata no ar, parece hesitar em vir incomodar o santo em seu trabalho. Sete pássaros aparecem no enquadramento das altas e estreitas janelas de cima. Pelas janelas de baixo, pode-se ver uma paisagem suavemente acidentada, um cipreste, oliveiras, um castelo, um rio com dois personagens remando numa canoa e três pescadores.

O conjunto é visto através de um vasto pórtico em ogiva, em cujo degrau um pavão e uma ave de rapina bem jovem estão pousados complacentes ao lado de uma magnífica bacineta de cobre.

Todo o espaço se organiza em torno desse *móvel* (e o móvel inteiro se organiza em torno do livro): a arquitetura glacial da igreja (a nudez de seus ladrilhos, a hostilidade de seus pilares) se anula: suas perspectivas e verticais deixam de delimitar o local único de uma fé inefável; elas estão ali somente para dar ao móvel sua escala, permitir que ele se *inscreva*: no centro do inabitável, o móvel define um espaço domesticado que os gatos, os livros e os homens habitam com serenidade.

3

O Fugitivo.

Desse modo se crê ver ponte em trote ligeiro.[35]
Jacques Roubaud

Esqueci-me da origem desta anedota, não poderia garantir a autenticidade dela e estou longe de ter certeza da exatidão de seus termos: contudo ela me parece ilustrar admiravelmente minha intenção.

Um prisioneiro francês consegue fugir, em plena noite, do trem que o levava para a Alemanha. A noite estava inteiramente escura. O prisioneiro ignorava por completo sua localização. Ele andou por muito tempo, ao acaso, isto é, sempre em frente. Num dado momento, ele chegou à beira de um curso d'água. Uma sirene bramiu. Segundos depois, as ondas provocadas pela passagem do barco vieram quebrar sobre a margem. Pelo tempo que separava o bramido da sirene do marulho das ondas, o fugitivo deduziu a largura do rio; conhecendo sua largura, ele o identificou (era o Reno) e, o havendo identificado, ele soube onde estava.

4

Os encontros.

Isso obviamente não teria nenhum sentido se fosse de outra maneira. Tudo foi estudado, tudo foi calculado, não é o caso de se enganar, não se conhece nenhuma situação em que tenha sido detectado um erro, que seja de alguns centímetros ou mesmo de alguns milímetros.

No entanto, sempre sinto algo que se parece com o deslumbramento quando imagino o encontro dos operários franceses e dos operários italianos no meio do túnel de Mont-Cenis.[36]

O INABITÁVEL

O inabitável: o mar lixeira, as costas eriçadas com arames farpados, a terra esfolada, a terra ossuário, os montes de carcaças, os rios atoleiros, as cidades nauseabundas

O inabitável: a arquitetura do desprezo e do embuste, a glóriola medíocre das torres e dos grandes edifícios, as milhares de despensas amontoadas umas sobre as outras, o exibicionismo sovina das sedes corporativas

O inabitável: o demasiado estreito, o irrespirável, o pequeno, o mesquinho, o encolhido, o calculado na medida mais justa

O inabitável: o confinado, o proibido, o enjaulado, o trancado, os muros eriçados com cacos de garrafas, os olhos mágicos nas portas, as blindagens

O inabitável: as cidades de lata, as cidades farsa

O hostil, o cinza, o anônimo, o feio, os corredores do metrô, os banhos públicos, os hangares, os estacionamentos, os centros de triagem, os guichês, os quartos de hotel

as fábricas, as casernas, as prisões, os asilos, os hospícios, os colégios, as cortes criminais, os cursos escolares

o espaço parcimonioso da propriedade privada, os sótãos reformados, as soberbas *garçonnières*, os estúdios bonitinhos em seus refúgios ajardinados, os apartamentos de final de semana, as recepções com três ambientes, as amplos salões em andares elevados, vista privilegiada, dupla exposição à luz natural, árvores, vigas, distinção, luxuosamente repaginado por um decorador, varanda, telefone, sol, espaços livres, chaminé de verdade, varanda, pia com duas cubas (inox), calma, pequeno jardim privativo, negócio excepcional

Pede-se declinar o nome depois das dez da noite

O planejamento:

39533/43/Kam/J 6 de novembro de 1943

Assunto: coleta das plantas destinadas a enfeitar com uma faixa de vegetação os fornos crematórios I e II do campo de concentração.

Ref.: Conversação entre o SS-Obersturmbannführer Höss, Cdte. do campo, e o Sturmbannführer Bishoff.

Ao SS-Sturmbannführer Caesar, chefe de iniciativas agrícolas do campo de concentração de Auschwitz (Alta Silésia).

Em conformidade a uma ordenança do SS-Obersturmbannführer Höss, comandante do campo, os fornos crematórios I e II do campo de concentração serão dotados de uma faixa verde que servirá de limite natural para o campo.

Eis a lista de plantas que devem ser obtidas em nossas reservas florestais:

200 árvores folhosas, de três a cinco metros de altura; 100 mudas de árvores folhosas de um metro e meio a quatro metros de altura; por fim, 1.000 arbustos de revestimento de um a dois metros e

meio de altura, tudo isso retirado das reservas de nossos viveiros.

Peço-lhe que coloque à nossa disposição tais provisões de plantas.

Chefe da direção central do edifício
das Waffen SS e da polícia em Auschwitz:
assinado: SS-Obersturmführer.

(citado por David Rousset,
Le Pitre ne rit pas, 1948)[37]

O ESPAÇO (CONTINUAÇÃO E FIM)

Eu adoraria que existissem lugares estáveis, imóveis, intangíveis, intocados e quase intocáveis, imutáveis, enraizados; lugares que seriam referências, pontos de partida, fontes:

Minha paisagem nativa, o berço de minha família, a casa onde eu teria nascido, a árvore que eu teria visto crescer (que meu pai teria plantado no dia do meu nascimento), o porão da minha infância, cheio de lembranças intactas...

Tais lugares não existem, e é por não existirem que o espaço se torna uma interrogação, deixa de ser evidência, deixa de ser incorporado, deixa de ser apropriado. O espaço é uma dúvida: preciso designá-lo, marcá-lo sem parar; ele nunca é para mim, nunca me é dado, é preciso que eu o conquiste.

Meus espaços são frágeis: o tempo vai desgastá-los, vai destruí-los: nada mais se parecerá com o que era, minhas lembranças vão me trair, o esquecimento vai se infiltrar na minha memória, vou olhar, sem reconhecê-las, algumas fotografias amareladas com as bordas rasgadas. Nunca mais se verá escrito em letras brancas de porcelana, coladas em arco sobre a vitrine do pequeno café da rue Coquillière: "Aqui, consulta às páginas amarelas" e "Faça uma boquinha a qualquer hora".

O espaço se funde como a areia escorre por entre os dedos. O tempo o carrega e me deixa apenas alguns de seus trapos informes:

Escrever: tentar meticulosamente apreender alguma coisa, fazer sobreviver alguma coisa: apanhar alguns fragmentos precisos do vazio que se escava, deixar, em algum lugar, um sulco, um traço, uma marca, alguns sinais.

Paris,
1973-1974

INVENTÁRIO DE ALGUMAS DAS PALAVRAS UTILIZADAS NESTA OBRA

Adler, Larry, 42
Agenda, 24, 34
Alfafa, 115
Alma, 103, 136
Almofada, 32, 43, 63
Alpinista, 26
Amarelo, 83, 89, 114
Amiens, 135
Angustura, 41
Área de serviço, 56
Areias de Beauchamp, 88
Avery, Tex, 88
Avião, 43, 49, 56, 127

Babás, 27
Bach, Johann Sebastian, 41
Balança de banheiro, 72
Bandeira francesa, 26, 83
Banhos públicos, 145
Baobá, 32
Barômetro, 58
Basalto, 132
Bayreuth, 55
Berço, 148
Bilhar, 55
Bloom, Leopold, 138
Bobes, 73
Bombons de sorvete, 89
Bosques, 116, 122
Botas, 16, 116
Brumas, 129

Cabideiro, 51, 72
Cabo de tração, 106
Cachimbo, 73
Caixa de Skinner, 58
Calendário dos correios, 34
Cantoneiros, 26
Cápsulas de tempo, 91
Carcaças, 145
Carne seca suíça, 56
Carpaccio, Vittore, 44
Carrinho de bebê, 71
Carruagens, 108
Castanhas, 27
Cavalinho com rodinhas, 71
Cerejas, 96, 115
Chaves-inglesas, 105
Chott, 25
Cícero, 134
Cipreste, 142
Cofre-forte, 140
Colherinha, 89
Conversação, 146
Costura, 54, 60
Creme amanteigado, 27
Cristóvão Colombo, 124
Cromo, 40
Cromossomo, 132
Cruz de Malta, 58

Distinção, 145
Domingo, 96, 113

Dor de dente, 44
Dugommier, 57
Dumas, Alexandre, 23, 138

Éblé, Jean-Baptiste, 128
Elefantes, 139
Embarcações, 109
Ensopado, 139
Enxugar gelo, 60
Espaguete, 44
Estátua, 6, 26, 105
Étretat, 42
Euler, Leonhard, 69

Fazer uma boquinha, 148
Fogão, 51
Fontes, 69, 148
Fotos, 45, 90, 121, 139, 148
Freud, Sigmund, 128

Gancho, 72, 142
Genji Monogatori Emaki, 69
Grafites, 85
Grande "O" vermelho, 108
Grande ilusão (A), 122
Guilhotina, 40

Haréns, 32
Harmônios, 41
Haydn, Joseph, 58

Ícaro, 80

Jardim de inverno, 109
Jarro d'água, 40
João e Maria, 56
Jogo de Go, 69
Jujuba, 85

Lagostins, 115
Lâmpada, 24, 74
Lanche, 53
Laranjeira, 142
Lavadeiras, 26
Leão, 142
Leão de Belfort, 109
Letra C, 105
Letra R, 132
Letra T, 82
Linha Morice, 122
Lion Noir, 16
Lixeira com pedal, 72
Luís XVI, 57

Maçã, 49
Marshmallows, 42
Marulho, 143
Melbourne, 132
Michelin, 34
Michigan, 62
Minha sobrinha, 104
Musa, 33

Natal, 129
No man's land, 122
Nouvelle Revue Française (La), 62

Obesos, 129
Olhar furtivo, 81
Olmo, 116
Opus incertum, 63
Osso, 109

Páginas amarelas, 148
Pão rústico, 113
Paradis, 97
Paralelepípedos retangulares, 52
Pássaro, 17, 27, 73, 87, 116, 142
Pátria-Mãe, 123
Paz, 41
Pedicures, 50
Pequeno Polegar, 31

Pianistas, 27
Pisa, 139
Planeta proibido (O), 62
Plátanos, 106
Poligrafia do cavalo, 69
Poloneses, 89
Pontoise, 14
Porão, 148
Porcelana, 148
Porta de ferro, 27
Portulanos, 25
Poterne, 97
Presunto, 49

Reprodução, 40
Rifles, 63
Rostand, Edmond, 83
Roxo, 14

Saara, 87
Saenredam, Pieter, 59
Saint-Antoine, 97, 102
Saint-Chély-d'Apcher, 43
Saint-Cloud, 102
Saint-Denis, 102
Saint-Germain, 84, 87, 88, 102
Saint-Honoré, 102
Saint-Jacques, 109
Saint-Jean-Rohrbach, 128
Saint-Lazare, 86
Saint-Nazaire, 102
Saint-Ouen, 88
Santa Helena, 23
São Jerônimo, 141
São Tomás de Aquino, 87
Seixo, 34
Sirene, 143
Sisley, Alfred, 40
Sono leve, 142
Suportes para lenha, 70

Tapete, 26, 35, 43, 71
Tarn, 128
Taverna dos Irmãos Simic, 127
Telegrafia sem fio, 140
Tesouras de unhas, 33
Tinteiro, 72, 141
Tinturaria, 97
Tocha, 58
Torradas, 70, 71
Toul, 114
Trasimeno, 23

Vegetação, 63, 146
Vento, 102, 132
Verdun, 114
Vigarice, 107
Viveiristas, 26
Vivendo em dúvida, 128

Wright, Frank Lloyd, 62

NOTAS DA EDIÇÃO BRASILEIRA

[1] Uádi, do árabe *wádí*, "águas mananciais, rio", plural de *wád*, designa os rios intermitentes do deserto, secos na maior parte do ano, mas sujeitos a bruscas inundações. (N. da E.)

[2] *Chott*, do árabe magrebino, lagoa salina efêmera, que se transforma numa crosta de sal ao secar. (N. da E.)

[3] Edição brasileira: Marcel Mauss, "As técnicas do corpo", em *Sociologia e antropologia*, tradução de Paulo Neves, São Paulo, Cosac Naify, 2005, p. 401. (N. da E.)

[4] Fundada em 1972, a revista *Cause Commune*, cujo comitê de reação era composto por Georges Perec, Paul Virilio, Jean Duvignaud e Pascal Lainé, surgiu com o intuito de articular literatura, sociologia, psicanálise e crítica política voltadas para a análise social, a crítica da vida cotidiana e o debate ideológico. A editora Denoël interrompeu sua publicação em 1974. Atualmente existe uma revista homônima, vinculada ao Partido Comunista Francês. (N. da E.)

[5] O *Vilém Flusser Archiv* em Berlim registra a existência de uma versão brasileira: "Da cama", em *Comentário: revista trimestral que comenta o mundo e os seus problemas*, Rio de Janeiro, junho de 1971, pp. 15-22, com tradução de Luca Marquez Porto. (N. da E.)

[6] Vila costeira de pescadores na Cornualha, sudoeste da Inglaterra, onde Perec passou uma temporada em sua juventude. (N. da E.)

[7] As falésias de Étretat, na Normandia, têm lugar de destaque na arte francesa, tendo sido retratadas, na literatura, por Flaubert, Maupassant e Simenon, entre outros, e, na pintura, pintadas por Corot, Delacroix, Courbet, Monet e muitos outros. (N. da E.)

[8] Referência ao livro *Pierrot mon ami* (1942), de Raymond Queneau: "apoiado confortavelmente, Pierrot pensava na morte de Luís XVI, o que quer dizer, curiosamente, que não pensava em nada". (N. da E.)

[9] Referência ao conto de Jorge Luis Borges, publicado em 1944, em que descreve uma biblioteca que contém todas as obras já escritas, todos livros possíveis. (N. da E.)

[10] Tíkhon e Bolkónski são personagens do romance *Guerra e paz*, de Lev Tolstói. (N. da E.)

[11] No original, *Forbidden Planet*, filme de ficção científica de 1956, dirigido por Fred McLeod Wilcox, e uma das fontes de inspiração para a série de televisão *Jornada nas Estrelas*. (N. da E.)

[12] *Opus incertum* designa uma técnica construtiva romana (séculos II-I a.C.), que utiliza pequenas pedras de formato aleatório, assentadas com argamassa, conferindo aos muros um aspecto rústico e irregular. (N. da E.)

[13] Literalmente, "O Diabo Coxo", filme de Sacha Guitry, de 1948, sobre o diplomata francês Charles-Maurice de Talleyrand-Périgord, que sofria de uma deformidade no pé e era conhecido por sua astúcia política. Não foi possível apurar se o filme alguma vez entrou em circuito no Brasil. (N. da E.)

[14] Literalmente, "Rolo de pintura das narrativas de Genji", obra fundamental da literatura japonesa, redigida no início do século XI e atribuída à dama da corte Murasaki Shikibu. (N. da E.)

[15] Como explicita Perec, quando escrevia *Espécies de espaços*, seu romance *A vida modo de usar* estava ainda em projeto. Durante sua redação o título conheceu algumas variantes — uma delas com vírgula, exatamente como reproduzido aqui. Na redação final, a vírgula foi suprimida. Para mais informações, ver o posfácio de Jean-Luc Joly neste volume. Edição brasileira: *A vida modo de usar*, tradução de Ivo Barroso, São Paulo, Companhia das Letras, 2009. (N. da E.)

[16] Tal modo de numeração corresponde, na França, ao emprego de letras (13 A, 13 B etc.), comum em várias ruas brasileiras. (N. da E.)

[17] O escritor francês Raymond Quenau (1903-1976), um dos fundadores do Oulipo — Ouvroir de Littérature Potentielle (ver nota à página 165), autor de, entre outros livros, *Pierrot mon ami* (1942), também citado por Perec, *Exercices de style* (1947) e *Zazie dans le métro* (1959).

[18] Entre 1866, data de sua criação, e 1984, quando o serviço foi desativado, Paris contou com uma rede de tubos subterrâneos que transportava mensagens em cápsulas metálicas. Inicialmente criada para agilizar telegramas entre estações telegráficas, o sistema foi aberto ao público em 1879. Em 1934, a rede atingiu 427 km de extensão. Ao chegar na estação

mais próxima do destinatário, um mensageiro (de bicicleta ou moto) levava a mensagem — escrita em formulários azuis chamados *petits bleus* — até o endereço final. (N. da E.)

[19] *Um homem que dorme* (*Un homme qui dort*), de 1974, é um filme de Bernard Queysanne e Georges Perec, baseado no romance homônimo deste último (1967). Considerado um marco do cinema existencialista, recebeu o Prêmio Jean Vigo no mesmo ano de seu lançamento (está disponível integralmente no YouTube). (N. da E.)

[20] Enquanto Poitiers, Annecy e Saint-Nazaire são cidades independentes, com séculos de história, Saint-Denis, Bagnolet e Aubervilliers constituem a *banlieue*, isto é, o subúrbio ou a periferia, de Paris; ainda assim, têm uma importância social, econômica e política superior à de muitas cidades tradicionais. (N. da E.)

[21] O termo *faubourg* tem sua origem na expressão latina *fors burgum*, ou *foris burgum*, que significa, literalmente, "fora do burgo", isto é, designava tudo aquilo que, num certo momento da história, ficava fora das muralhas da cidade fortificada. (N. da E.)

[22] No original, *La Peau de chagrin*, romance de Honoré de Balzac, publicado em 1831; é ainda hoje leitura obrigatória nos currículos escolares franceses. (N. da E.)

[23] O problema das pontes de Königsberg (atual Kaliningrado) é um famoso quebra-cabeça matemático que desafiava alguém a atravessar as sete pontes da cidade uma única vez e retornar ao ponto de partida. Foi resolvido pelo matemático Leonhard Euler em 1736, que provou que tal caminho não era possível; sua demonstração lançou as bases da teoria dos grafos. (N. da E.)

[24] A Linha Morice foi uma barreira militar implantada pela França durante a Guerra da Argélia (1954-1962); seu nome se deve ao Ministro da Defesa francês à época, André Morice. Com arame eletrificado e várias minas espalhadas pelo território, fez um grande número de vítimas. Foi desmantelada após a independência da Argélia, em 1962. (N. da E.)

[25] *La Grande illusion* (1937), filme de Jean Renoir, cuja ação se passa durante a Primeira Guerra Mundial. Numa das cenas mais importantes, os guardas alemães param de atirar assim que os fugitivos franceses cruzam a fronteira da Suiça. (N. da E.)

[26] No contexto da Segunda Guerra Mundial, a Cota 532 refere-se a um ponto estratégico a ser ocupado na Batalha de Monte Cassino, em 1944, na Itália. (N. da E.)

[27] Os três livros citados por Perec — *Os filhos do capitão Grant* (1868) e *O testamento de um excêntrico* (1899), de Júlio Verne, e *Móbile* (1962), de Michel Butor — usam dispositivos espaciais como vetores para a narrativa, seja por meio de uma busca ao longo de uma latitude específica; do deslocamento pelos EUA em ordem alfabética de estados (de Arkansas a Wyoming) ou por cidades homônimas, associando, nos três casos, geografia e jogo literário. (N. da E.)

[28] No original, o filme *Sylvia Scarlett*, comédia norte-americana de 1935, baseada no romance de 1918, *The Early Life and Adventures of Sylvia Scarlett*, de Compton Mackenzie. (N. da E.)

[29] Jean-Baptiste Éblé (1758-1812), general, engenheiro e artilheiro francês, que se notabilizou por organizar a travessia dos rios durante a retirada das tropas francesas na malograda campanha da Rússia, salvando o exército de Napoleão da destruição completa em 1812. (N. da E.)

[30] *Souk*, em árabe, designa os tradicionais mercados, característicos das culturas árabes e islâmicas. (N. da E.)

[31] Conforme a tradução de Ivo Barroso e Roberta Barni em Italo Calvino, *Todas as cosmicômicas*, São Paulo, Companhia das Letras, 2007, p. 45. (N. da E.)

[32] Traduzido a partir da citação em francês de Perec. Para a edição brasileira, ver a tradução de José Paulo Paes, em Laurence Sterne, *A vida e as opiniões do cavalheiro Tristram Shandy*, São Paulo, Companhia das Letras, 2022. (N. da E.)

[33] *L'Os à Moelle* (Ossobuco), hebdomadário satírico, criado pelo humorista Pierre Dac (1893-1975), que parodiava a imprensa tradicional. Autointitulado "órgão oficial dos loufoques" (termo derivado do linguajar dos açougueiros, significando "maluco"), foi um fenômeno cultural na França pré-Segunda Guerra. O jornal fechou em 1940 com a ocupação nazista, sendo relançado posteriormente. (N. da E.)

[34] *Thoughts on Various Subjects* (Pensamentos sobre diversos assuntos, 1706) é uma coletânea de epigramas satíricos de Jonathan Swift. A obra reúne aforismos desconexos, marcados por ironia mordaz e críticas veladas à sociedade do século XVIII, numa linhagem que teria continuidade no humor fragmentário de Pierre Dac em *L'Os à Moelle*. (N. da E.)

[35] No original, "Ainsi on croit voir un pont à son galop" é um verso do poema "La Disparition", de Jacques Roubaud, que não emprega a letra E, a mais recorrente na língua francesa. O poema foi dedicado a Perec, e abre seu romance homônimo, *La Disparition*, publicado em 1969. No

Brasil, a obra foi traduzida por Zérefe como O *sumiço* (Belo Horizonte, Autêntica, 2015), que, coerentemente, subtraiu do português a letra A. (N. da E.)

[36] O túnel ferroviário de Mont-Cenis, com cerca de 13,7 km, atravessa os Alpes, conectando a França e a Itália. Em 26 de dezembro de 1870, após treze anos de escavações simultâneas a partir de suas extremidades, as equipes francesa e italiana encontraram-se no centro da montanha. Foi inaugurado em 1871, sendo à época o túnel mais longo do mundo. (N. da E.)

[37] David Rousset (1912-1997), escritor e ativista político francês. Foi prisioneiro nos campos de Buchenwald e Neuengamme durante a Segunda Guerra Mundial, experiência de que resultou *L'Univers concentrationnaire* (O universo concentracionário, Prêmio Renaudot 1946), obra fundamental sobre o sistema repressivo nazista. Em 1948, publicou *Le Pitre ne rit pas* (O bufão não ri), que também aborda o tema da degradação moral nos sistemas totalitários. (N. da E.)

ESPAÇO DE ESPÉCIE (PÓS-ESPAÇO)

Jean-Luc Joly

Em 2015, o Théatre Artistic Athévains propôs, em uma encenação de Anne-Marie Lazarini, uma adaptação teatral de *Espécies de espaços* de Georges Perec, portando sobriamente o mesmo título; no ano seguinte, Aurélien Bory e sua Compagnie 111, sediada em Toulouse, ao passo que a anterior se situa em Paris, ofereceram um espetáculo judiciosamente intitulado *Espæce* [Espaço/Espécie]. A primeira dá a ouvir particularmente um texto polifônico, lúdico e democrático, pois compartilhável por todos; o segundo toma sobretudo o partido de transpor para o palco ou o contexto cênico as explorações marginais do espaço realizadas pelo texto de Perec a fim de renovar sua apreensão. Naturalmente não se trata de um acaso o fato de, quase ao mesmo tempo, dois criadores que não pertencem ao domínio da literatura, mesmo que nele se apoiem, terem decidido ir buscar no texto de Perec pistas quase que opostas de exploração, de reconhecimento, de interrogação, de questionamento da dimensão que, no entanto, é a mais óbvia e mais imediata do nosso *estar aqui*: o espaço, os espaços, as espécies de espaços. A incrível plasticidade desse texto autoriza tal feito; os dois criadores estão longe de serem os primeiros ou os últimos a fazê-lo, e isso levando em conta todos os domínios, os artísticos certamente em primeiro lugar, mas não apenas, longe disso.

Que se julgue por esta tentativa de elencar obras das quais *Espécies de espaços* é o epônimo (às vezes com pequenas modificações ortográficas) ou a evidente inspiração, seja no âmbito local ou global, de modo direto ou indireto:

— na música, uma ópera-jazz para vozes de crianças de Didier Lockwood (*Journal d'un usager de l'espace* [Diário de um usuário do espaço]) realizada em 1999; ou uma criação acusmática de Bernard Parmegiani em 2002;

— no cinema, *Propos amicaux à propos (ou autour) d'*Espèces d'espaces [Propostas amigáveis a propósito de (ou em torno de) *Espécies de espaços*], de Bernard Queysanne, realizado em 1999; ou o seminário do Forum das Imagens "*Espèces d'espaces*: filmer le creux des villes" [*Espécies de espaços*: filmar o oco das cidades], 2017, em Paris;

— no domínio das artes plásticas, a exposição "50 espèces d'espaces" [50 espécies de espaços] em Marselha, em 1998-99; ou o catálogo da primeira parte de uma exposição realizada em Grenoble em 2008: *Espèces d'espace — les années 1980* [Espécies de espaços — os anos 1980] (dois exemplos em meio a uma dezena de outros possíveis, nacionais ou internacionais, como a exposição "Especies de espacios", no Museu de Arte Contemporânea de Barcelona em 2016);

— nas ciências humanas, a exposição "La vie mode d'emploi" [A vida modo de usar] (!) do Musée Tony Garnier em Lyon (especializado em arquitetura e urbanismo) em 2017-18 — na qual havia uma sala dedicada a *Espécies de espaços* em que o visitante, deitado sobre uma cama (uma "página"), descobria no teto imagens da vida de famílias modelo enquanto eram lidos trechos do livro de Perec; ou o *Dictionnaire de la géographie et de l'espace des sociétés* [Dicionário da geografia e do espaço das sociedades], de Michel Lussault e Jacques Lévy, no qual a entrada "Perec" se apoia amplamente em *Espécies de espaços*;

— nas artes aplicadas, o nome de uma agência de design e arquitetura de interiores de Wettolsheim (Alsácia); ou várias criações em vídeo no site especializado Vimeo — ou ainda um artigo do jornal *Libération* de 25 de março de 2010, na seção "moda", intitulado "Espèces d'espaces" e dedicado à tendência comercial contemporânea a chamar de "espaços" tudo aquilo que, até então, era qualificado apenas como "loja" ou "comércio" ("espaço saúde", "espaço floricultura"...).

Seria possível acrescentar uma rubrica "vida cotidiana", sublinhar o papel pedagógico desempenhado pelo livro de Perec particularmente em escolas de arte ou de artes aplicadas (ver o número 10 dos *Cahiers Georges Perec*), de arquitetura (ver o número 12 dos *Cahiers Georges Perec*), em oficinas de escrita (ver o site tierslivre.net, do escritor e editor François Bon)... e talvez até acabar descobrindo aplicações no domínio da astrofísica ou dos games!

Quanto à literatura, a fortuna hipotextual de *Espécies de espaços* é naturalmente muito grande. Limitemo-nos a convocar aqui o *Paris não tem fim*, de Enrique Vila-Matas, em cujas páginas *Espécies de espaços* circula com bastante frequência, entre camaradagem e apropriação, com ou sem aspas. Algo que provavelmente teria alegrado Perec, que observou, numa resposta a Jean-Louis Ezine, que ele iria ser "o autor mais saqueado dos anos por vir" (ele falava de *A vida modo de usar*, mas pode-se facilmente aplicar isso a *Espécies de espaços*): "Isso me alegra! Eu mesmo saqueei tantos autores!".

A ascendência deste "Diário de um usuário do espaço" parece doravante aproximar-se do mito; o que significa que este livro se tornou instrumento, ferramenta, método, dispositivo, processo... infinitamente presente, maleável e adaptável, de designação ou análise do mundo e da realidade. Pois citar, implicitar, se inspirar, dialogar, fazer um pastiche, plagiar ou reinventar este opúsculo é, de agora em diante, parte ou reflexo do espírito da época, do pensamento, se é que não da língua. E é também uma forma de universalismo — prova disso é a dimensão internacional de sua fortuna, mensurável também pela diversidade e o alcance geográfico de suas traduções (quase todas as principais línguas europeias, e ainda o eslovaco, o finlandês, o dinamarquês; e, fora do espaço europeu, o árabe, o turco e o chinês — e tudo isso não para por aqui, naturalmente...).

É preciso se perguntar por quê.

De saída, vale lembrar — para melhor dimensionar aquilo que deve de fato ser chamado de uma singular inversão das coisas — que este livro encomendado (a solicitação veio do urbanista Paul Virilio, com quem Perec partilhava, entre outras aventuras — e na companhia de Jean Duvignaud e de Pascal Lainé —, a criação da revista *Cause Commune* [Causa Comum], e que queria inaugurar com um ensaio perequiano a coleção L'Espace Critique [O espaço crítico], que ele viria a dirigir na editora Galilée) a princípio penou para encontrar ressonância. É verdade que ele foi publicado em um momento da carreira de Perec em que o sucesso de *As coisas* [1965] já estava um pouco distante e o de *A vida modo de usar* [1978], ainda por vir, em que *O sumiço* [1969] só tinha despertado umas poucas leituras sensatas, sem falar na aparente marginalização de *Quel petit vélo...?* [1966] [Qual bicicletinha...?], de *Um homem que dorme* [1967], das *Qe regressem* [1972] ou de *La boutique obscure* [1973] [A loja obscura]. De romancista sociólogo, Perec havia se transformado em polígrafo tentado pela vanguarda, particularmente depois de sua cooptação pelo Oulipo em 1967, e é verdade que tanto críticos como leitores se sentiam perdidos em meio a isso.[1] Então veio essa espécie de "dicionário portátil" dedicado a um domínio ainda relativamente marginal para a literatura...

Em 1973, data dessa encomenda, o interesse de Perec pelo espaço, suas dimensões e questões, fosse ele poético ou reflexivo, não era todavia nem uma questão de circunstância nem de convivialidade. Sem falar no espaço parisiense de *As coisas* ou, sobretudo, de *Um homem que dorme* (que deve muito a uma abordagem situacionista), é preciso considerar aqui o projeto "joyciano" de *Portulan* [Portulano] conduzido em 1962 e cujo argumento, de aparência simples (a deriva noturna de dois amigos que atravessam Paris), devia ser a oportunidade para uma descrição total, expressão de um "desejo de compreender e suprimir todas as contradições". Uma citação exemplar, na qual se pode talvez reconhecer antecipadamente algumas inflexões de *Espécies de espaços*, impressiona particularmente: "Parece que me faço uma pergunta muito simples: como olhar? Como começar a ver nas coisas algo além daquilo que me habituaram a ver? É preciso encontrar o olhar de Galileu. Ver por baixo da casa a habitação, por exemplo. Por que nós não vivemos em cabanas? Por que cigarros não são vendidos nas farmácias, por que nós vamos a museus?"[2] Era, então, bastante previsível que o portulano, um objeto de fetiche perequiano (Perec possuía a re-

---

[1] Oulipo — Ouvroir de Littérature Potentielle, algo como Oficina de Literatura Potencial, foi um grupo de experimentação e criação literária, fundado na França em 1960 por Raymond Queneau e pelo matemático François Le Lionnais, do qual Georges Perec fez parte. Oulipo se baseia no princípio de que restrições impostas à linguagem estimulam a busca por criações originais. Seus membros fundadores gostavam de se definir como "ratos que constroem eles próprios o labirinto do qual pretendem escapar". (N. da E.)

[2] Fundo Georges Perec, Biblioteca do Arsenal, Paris (código: 119, 21, 28, 5).

produção de um desses antigos mapas que lhe fora dado por sua prima Bianca quando ele era criança, que o acompanhou em todos os seus apartamentos e que aparece, de uma forma ou outra, em boa parte de suas obras), que o portulano regresse então em *Espécies de espaços* e figure até mesmo na capa da edição original, editada precisamente — singular conjunção das coisas — pela editora Galilée!

Sobretudo, desde 1969, Perec está envolvido no projeto autobiográfico de *Lieux* [Lugares] (que se encontrava em andamento quando de *Espécies de espaços*) e elaborava há mais tempo ainda o projeto de *Lieux où j'ai dormi* [Lugares onde dormi], duas empreitadas obviamente ligadas ao espaço.[3]

No que diz respeito às causas profundas do sucesso da recepção de *Espécies de espaços*, por mais que tenha se dado de maneira lenta, não seria exagero localizar a principal delas no título da obra. Os títulos de Perec têm muitas vezes, de fato, algo da ordem da genialidade poética. O que naturalmente não exclui o trabalho. Aliás, o cuidado que ele dedicava a isso é inegável. Se considerarmos aqui, por exemplo, *A vida modo de usar* e sua progressão, desde a escassez breve e seca de *A vida*, passando por complexas etapas pontuadas (*A vida: modo de usar* e *A vida, modo de usar*), até a simples e luminosa condensação de "oposição-aposição": *A vida modo de usar*! É em parte essa arte, toda feita de pesquisa verbal para precipitar um livro em um ponto, mas que sabe permanecer invisível e produz também a densidade realista de *As coisas* ou *Les Choses communes* [As coisas comuns], a intimidade empática de *Je me souviens* [1978] [Eu me lembro] ou de *Lieux*, o eco contudo novo e sempre renovado de *Viagem de inverno* ou de *Je me souviens*... e o gracejo inédito de *Espécies de espaços*. Este título adquiriu uma

[3] *Lieux* foi publicado em março de 2022 pela Éditions du Seuil.

dimensão propriamente mitológica ao se lexicalizar, tornando-se, por meio da repetição e da partilha, parte atuante da língua. Quantas vezes *Espécies de espaços* não foi convocado — pela graça de um eco sonoro, de uma "paronomásia" por certo inspirada, mas tão simples que ainda impressiona que ninguém tivesse cogitado antes dele — para dar sentido àquilo que permanecia até então impensado, inclassificado? Aí está, obviamente, aquilo que é próprio do poema, uma palavra para um gênero que raramente se associa ao nome de Georges Perec e pelo qual ele próprio confessava certo temor. Sem razão, claro!

Este "pequeno livro de Perec" acerca do espaço constitui um desses milagres de recepção que acontecem de tempos em tempos na história literária. E embora isso talvez se deva em parte à zombaria taxonômica do título, que carnavaliza sua tentação de seriedade sem deixar de ser ambicioso em sua descontração, naturalmente não deve isso *apenas* ao título. Mas também e por exemplo, para ficar nas categorias literárias, ao seu gênero, ele próprio composto, já que se trata, de certo modo, de um ensaio (o livro pensa e dá o que pensar) porém fragmentário (sua escritura é "quebrada", descontínua), que, graças à sua composição de elementos perfeitamente encaixados uns nos outros, vai direto da página para o espaço, mas também graças à diversidade, variedade, mudanças de pontos de vista e variações de distância focal que, por "saltos e cambalhotas", o texto opera sem cessar. Isso sem contar que se mesclam, a essa espinha dorsal reflexiva, muitas radiais autobiográficas, para não dizer "autobibliográficas" (Perec também faz uma atualização de seus projetos em andamento), e que ele não ignora a poesia, encerrando-se, aliás, de maneira ao mesmo tempo inesperada e esperada, com uma arte poética do mais belo teor: "Escrever: tentar meticulosamente apreender alguma coisa, fazer sobreviver alguma coisa [...]".

Pois *Espécies de espaços* também é, obviamente, um livro *de* e *sobre* Perec, onde se pode encontrar boa parte de suas "metáforas obsedantes".

Sua fortuna se deve igualmente a seu tom: no conjunto é um livro alegre, estimulante, roborativo, o que não exclui nem a dimensão crítica nem os "acentos" sombrios. *Espécies de espaços* trata ainda, como todos ou quase todos os demais títulos da obra perequiana, e de maneira tão oblíqua quanto, de mitos pessoais — e as sombras carregadas de diversos dramas íntimos do autor nele se projetam. Sobre uma página inédita de rascunhos do livro, uma folha diminuta arrancada de um caderno espiral, escrita com caneta hidrográfica verde, lê-se o seguinte início de texto: "A casa./ Como farei, eu que não tenho História, para um dia ter uma casa?".[4] Uma frase talvez íntima demais, confessional demais para poder ser conservada em um livro que é certamente pessoal, mas pudico; porém encontramos seu fantasma na ausência de uma parte específica sobre a casa, mesmo que a palavra em si apareça — ainda que, na maioria das vezes, como sinônimo de imóvel.

No entanto, esse fundo dramático naturalmente não impede que *Espécies de espaços* seja sem dúvida alguma a obra mais imediata, mais fraternal, mais divertida, mais imaginativa e talvez por esse mesmo motivo uma das mais compartilhadas e populares de Perec. Por muito tempo, a crítica se inclinou a fazer dele um filho da dúvida moderna; mas o público provavelmente o consagrou em razão da extraordinária resiliência que sua obra constitui e oferece em partilha. E o olhar de soslaio, a percepção renovada ou a panorâmica inédita, o descentramento, o "passo para o lado" aplicados continuamente a nosso ambiente o mais cotidiano, em virtude

---

[4] Ver, ao final do volume, o caderno de inéditos de *Espécies de espaços*, p. 175.

de uma disciplina *infraordinária* que naquele momento nasce em paralelo em sua obra (o termo, como se sabe, também vem da *Cause Commune*), fizeram o restante do trabalho, dando-nos às vezes, com frequência, a ver, enfim, aquilo que estava bem à nossa frente... sem que, no entanto, jamais o tivéssemos verdadeiramente visto.

Espécies de espaços é também um manual, um breviário, um viático, um "método", um "dicionário portátil", dissemos, sempre disponível para com ele aprender e desaprender, ou melhor, para aprender diferentemente ou reaprender, para encontrar ou rememorar, aqui formulados de maneira falsamente plácida ou desinteressada, mas com lucidez, pensamentos, vontades, perguntas, reflexões sobre nossos entornos familiares pelos quais fomos atravessados apenas de maneira informe ou às vezes até quase vergonhosa, exceto quando éramos criança e essa "gaia ciência", esse alegre saber, nos era imediata:

> "Nada nos proíbe também de imaginar um metrô em pleno campo";
>
> "Um quarto de empregada é um cômodo que se aluga para estudantes";
>
> "Imaginar um cômodo que seria dedicado exclusivamente à segunda-feira não é mais estúpido do que construir casas burguesas que são *úteis* somente sessenta dias por ano";
>
> "Pensei em sonhos que tive [...], descobrindo no meu próprio apartamento um cômodo que eu não conhecia...";
>
> "Deveríamos aprender a passar mais tempo nas escadas. Mas como?";
>
> "Coisas que, de tempos em tempos, deveríamos fazer sistematicamente [...]: fazer visitas aos vizinhos;

ver o que há, por exemplo, na parede que nos é comum [...]; tentar se lembrar, no caso de um prédio novo, do que havia ali antes";

"Ao contrário dos prédios, que quase sempre pertencem a alguém, as ruas, em princípio, não pertencem a ninguém";

"Por que os ônibus vão de tal lugar a tal outro? Quem escolhe os itinerários, e em função de quê?";

"Esforçar-se para imaginar, com o máximo possível de precisão, debaixo da rede de ruas, o emaranhado dos esgotos, a passagem das linhas de metrô, a proliferação invisível e subterrânea das tubulações [...]";

"Ver *de verdade* alguma coisa que por muito tempo foi uma imagem em um velho dicionário";

"Quantos centímetros quadrados do planeta Terra as solas de nossos pés terão tocado?"

"Como todo mundo, suponho, sinto-me atraído pelos pontos zero";

"Noutros tempos, como todo mundo, suponho, [...] eu escrevia meu endereço da seguinte maneira: Georges Perec / 18, rue de l'Assomption / Escada A / 3º andar / Porta à direita / Paris 16ème / Sena / França / Europa / Mundo / Universo"...

Engana-se quem menospreza ou considera menores a dimensão e a virtude pedagógicas dessa obra de ensinamento, que, aliás, provavelmente se desejava como tal, considerando sua riqueza em exercícios de aplicação; reside provavelmente aí o segredo de sua "humanidade", na exploração de um espaço ou de uma "*geografia* que esquecemos ser de nossa autoria". *Espécies de espaços*, espaço de espécie, espaço de *Espécie humana*...

Mas um sucesso, ou até mesmo uma fortuna, não fabrica um mito. É preciso mais do que isso, algo como um encontro ou ainda, se possível, o encontro por antecipação com uma época e, se possível uma vez mais, um encontro inspirado que inventa sua própria linguagem, que acaba por se tornar a nossa. Com *Espécies de espaços*, Perec certamente vem assumir seu lugar em uma linhagem na qual figurariam também Baudelaire, Apollinaire, os surrealistas, os situacionistas, Queneau, Roubaud e até mesmo Julien Gracq que, com seu nome verdadeiro, Louis Poirier, foi professor de história e geografia de Perec no Liceu Claude-Bernard... Ele é com certeza quase o contemporâneo de artistas plásticos que — como os membros do grupo Fluxus ou do grupo Untel,[5] os artistas experimentais da *land art* ou aqueles do movimento norte-americano dos anarquitetos (entre os quais estava Gordon Matta-Clark, tão frequentemente em confluência com Perec) —passam a inscrever sua arte no espaço urbano ou na relação com o espaço. Mas talvez nenhum deles mais do que Perec tenha expressado essa escolha do espaço em oposição ao tempo, da geografia em oposição à história de que fala Michel Foucault em sua conferência "Des espaces autres" [De espaços outros][6] ("A grande obsessão do século XIX foi,

---

[5] Fluxus foi um movimento artístico de cunho libertário, ativo, sobretudo, entre 1962-1978. Manifestando-se por meio de diferentes artes, primordialmente das artes visuais, mas também da música e literatura, ele se contrapunha ao objeto artístico tradicional, entendido como uma forma de mercadoria. UNTEL foi um agrupamento de arte conceitual, muito atuante na década de 1980, que promovia intervenções nas ruas de várias cidades francesas, questionando a realidade urbana e os sistemas de controle social. (N. da E.)

[6] Conferência apresentada no Cercle d'Études Architecturales, 14 de março de 1967. Primeira publicação em *Architecture Mouvement Continuité*, nº 5, outubro de 1984, pp. 46-9 (a passagem citada abre a conferência); republicado em Michel Foucault, *Dits et écrits, t. II: 1976-1988*,

sabe-se, a história [...]. A época atual seria talvez sobretudo a época do espaço.") Como farei, eu que não tenho História, para um dia ter uma casa? A História com seu H maiúsculo, que Perec tenta enfrentar, no mesmo momento em que escreve *Espécies de espaços*, na agonia da escrita de *W ou a memória da infância*, eis que encontrou aqui uma forma de resposta e de contraposição, construindo para si uma casa feita de palavras.

Para além deste breve livro, o grande diário dos usuários do espaço se prolonga, constituindo pacientemente sua descendência. Na obra do próprio Perec antes de tudo, considerando que *Espécies de espaços* era a princípio apenas a primeira etapa de uma vasta empreitada, a série *Les Choses communes* [As coisas comuns] que, feito uma rede hídrica em sua maior parte subterrânea, apesar do magnífico ressurgimento de *Je me souviens*, irriga os dez últimos anos de sua criação (*Tentativa de esgotamento de um local parisiense*, *Tentative de description de quelques lieux parisiens* [Tentativa de descrição de alguns lugares parisienses], *Notes de chevet* [Notas de cabeceira], *L'Herbier des villes* [O herbário das cidades]...). Na obra de tantos outros em seguida: Olivier Rolin, François Bon, Philippe Vasset, Thomas Clerc, Nathalie Quintane, Lydia Flem... seis nomes em meio a muitos outros — e sem contar a grande família de artistas plásticos *in situ* acerca dos quais se pode ter uma ideia panorâmica no livro de Thierry Davila, intitulado significativamente *Marcher, créer* [Caminhar, criar].

Em 2012, o escritor conceitual britânico Simon Morris publicou um livro de Simon Perec, ou talvez de Georges Mor-

---

Paris, Gallimard, coleção "Quarto", 2001, pp. 1571-81 [ed. bras.: *Ditos e escritos, vol. II: Arqueologia das ciências e história dos sistemas de pensamento*, Rio de Janeiro, Forense Universitária, 2013].

ris, intitulado *Species of Spaces and Other Pieces* [Espécies de espaços e outras peças]; trata-se de uma retomada em fac-símile da edição inglesa de *Espécies de espaços* da Penguin Books (ampliada com alguns outros textos de Perec — *Other Pieces* — oriundos em particular dos volumes da coleção "Librairie du XXe Siècle" editados pela Éditions du Seuil), excetuadas algumas modificações paratextuais e o acréscimo, no próprio texto, de uma seção fotográfica que mostra pombos passeando pelas páginas do livro.

Em 2012, mesmo ano portanto, o artista plástico brasileiro Daniel de Paula concebeu para o volume 12 dos *Cahiers Georges Perec* ("Espèces d'espaces perecquiens" [Espécies de espaços perequianos]) uma obra fotográfica para livro: mais uma vez a partir da edição de *Species of Spaces and Other Pieces* da Penguin Books, esta foi cortada verticalmente em oito seções dispersas no volume depois reagrupadas no final, mas de modo a constituir um novo livro.

Um, como um herdeiro autoproclamado do Pierre Ménard de Borges, se vê autor de *Espécies de espaços* depois de apenas algumas mínimas variações; o outro, feito digno sucessor do Perec de *Die Maschine* [A máquina] ou de "Fragments de déserts et de culture" [Fragmentos de desertos e de cultura], fratura e reconstitui *Espécies de espaços* como um quebra-cabeças cuja imagem não seria nem inteiramente a mesma nem inteiramente outra. Maneiras singulares de buscar ao mesmo tempo o eterno e o efêmero, mas como alegres companheiros. Assim se afirma o feito mitológico de *Espécies de espaços*, uma vez que, daqui por diante, cada um pode se proclamar, à sua maneira, seu autor.

ESPÉCIES DE ESPAÇOS (CADERNO DE INÉDITOS)

APRESENTAÇÃO

Os esboços, manuscritos ou textos datilografados preparatórios de *Espécies de espaços* conservados no Fundo Georges Perec da Biblioteca do Arsenal, em Paris, compõem-se, no essencial, de dois conjuntos: uma parte é um registro datado de 1973, com o título "Coisas comuns" na capa e "Coisas comuns Espécies de espaços" escrito na primeira página: nele se encontram alguns textos que, com diversos graus de transformações, seriam integrados a *Espécies de espaços*, mas, acima de tudo, muitos para *Je me souviens* (Eu me lembro), alguns ensaios para *Notes de chevet* (Anotações de cabeceira) e um esboço de descrição dos objetos que se encontravam sobre a mesa de trabalho de Perec;[1] outra parte é um dossiê reunido (se não verdadeiramente organizado) por Perec, contendo todo tipo de esboços e anotações esparsas, manuscritas ou datilografadas, e de três versões datilografadas do texto, com marcas que permitem retraçar sua evolução e finalização.[2]

De todos esses textos preliminares, alguns não serão conservados por Perec (por diversas razões passíveis de con-

[1] Código: FGP 59.

[2] Código: FGP 79.

jecturas, às vezes relacionadas à estrutura, às vezes à tonalidade), serão reduzidos a um eco ou irão sofrer importantes transformações. Optamos por apresentar aqui alguns desses inéditos ou "semi-inéditos" de maneira a oferecer ao leitor de *Espécie de espaços*, se não um dossiê genético na sua boa e devida forma, pelo menos alguns vislumbres do laboratório do escritor, e lhe proporcionar a leitura de textos que, sendo complementares, não são menos esclarecedores quanto à complexidade do processo desse "usuário do espaço" que era Perec.[3]

Acrescentamos, por seu interesse gráfico e genético, o manuscrito de uma primeira versão do prefácio, redigido com tinta vermelha.

Os documentos são apresentados conforme a ordem de sua classificação no Fundo Georges Perec (a qual respeitou a ordem em que foram encontrados os arquivos do autor).

Jean-Luc Joly

---

[3] Na seção "En marge d'*Espéces d'espaces*" (À margem de *Espécies de espaços*) da edição das *Oeuvres* de Georges Perec na "Bibliothèque de la Pléiade" (t. I, pp. 651-3) encontra-se a transcrição de um projeto de plano e de uma primeira versão de "D'un espace inutile" (Sobre um espaço inútil).

DOCUMENTOS

Documento 1

15.5.73

Espécies de espaços (?)

Há pouco, no metrô, me pareceu que, de repente, eu não sabia mais quem eu era, quando e onde estava.
Seria necessário fornecer de imediato inúmeras precisões: não foi tão "de repente" assim, seria melhor dizer: ao cabo de um tempo indeterminado (até que curto segundo a reconstituição que se seguiu a esse instante de desvario) eu me dei conta de que não estava mais entendendo as palavras que via (ou melhor, lia) por cima da minha cabeça: no caso, o esquema linear da linha de metrô Nation-Étoile (passando por Denfert-Rochereau): eu via e identificava as letras, mas as palavras que essas letras formavam não me diziam nada.
Isso se deu (eu soube depois) entre "Dugommier" e "Bercy": a linha nº 6, "aérea" na parte mais longa de seu trajeto, ainda é subterrânea nesse local e (talvez) eu esperava — ainda que pegue essa linha quase cotidianamente — já estar ao ar livre (explicação posterior). Seja como for, meu primeiro questionamento foi para me perguntar em que metrô eu estava, e há quanto tempo.

Ao meu lado havia um grupo de 5 ou 6 rapazes, com idades, digamos, entre 18 e 22 anos. Um deles, jovem líder barbudo, disse algo como "de todo jeito, está feito". Eu me lembrei, ao mesmo tempo, que já os ouvia conversar fazia tempo, e que não sabia (ao certo) do que eles estavam falando. Mais tarde, me pareceu ter entendido que eles estavam fazendo ou à beira de fazer um difícil concurso de admissão em uma "grande" escola (a *Centrale Paris*).

Texto datado de 15/5/1973, intitulado "Espécies de espaços (?)", que relata uma experiência de perda de referência ou de desrealização no metrô e cuja substância se encontra na parte 4, "Sobre um espaço inútil" em "O apartamento". Fonte: Biblioteca Nacional da França/Biblioteca do Arsenal, código: FGP 59, 37 © Herdeiros de Richardson Saluden.

53,77

15.5.73. Espèces d'espaces (?)

Tout à l'heure, dans le métro, il m'a semblé que, tout à coup, je ne savais plus qui, où, quand j'étais.

Il faudrait tout de suite apporter d'innombrables précisions : cela n'a pas tellement été "tout à coup", il faudrait plutôt dire : au bout d'un temps indéterminé (plutôt court d'après la reconstitution qui a suivi cet instant d'égarement) je me suis rendu compte que je ne comprenais plus les mots que je voyais (plutôt que lisais) au dessus de ma tête : en l'occurrence, le schéma linéaire de la ligne de métro Nation-Etoile (par Denfert Rochereau) : je voyais, j'identifiais les lettres, mais les mots que ces lettres formaient ne me disaient rien.

Cela se passait (je l'ai su depuis) entre "Dugommier" et "Bercy" : le métro ligne N°6, "aérienne" sur la plus longue partie de son trajet est encore en cet endroit souterraine et (sans doute) m'attendais-je – bien que prenant cette ligne quasi quotidiennement – à être déjà à l'air libre (explication après-coup). Quoi qu'il en soit, ma première question fut pour me demander dans quel métro j'étais, et depuis combien de temps

A côté de moi il y avait un groupe de 5 ou 6 jeunes hommes, disons entre 18 et 22 ans. L'un, jeune leader bavard, a dit qqc comme "de toute façon c'est joué". Je me suis souvenu, en même temps, que je les entendais parler depuis lgtps déjà, et que je ne savais pas (au juste) de quoi ils parlaient. Plus tard il m'a semblé comprendre qu'ils étaient en train ou sur le point de passer un difficile concours d'entrée dans une "grande" école (Centrale).

Documentos 2 e 3

9.6.73

EU VI
1. Eu vi um homem que atravessava a rua
2. Eu vi dois pombos caminhando na calçada
3. Eu vi um homem que levava na coleira um cachorrinho tipo bassê
4. Eu vi uma mulher que olhava seu relógio de pulso

28.6.73

Eu vi a palavra "campainha" escrita em gigantescas letras brancas numa barcaça amarrada perto do cais da Estação.

Duas páginas de "Eu vi", datadas de 9 e 28 de junho de 1973, esboço de uma forma de inventário anafórico, de descrição sistemática, entre "tentativa de esgotamento" e "eu me lembro". Fonte: Biblioteca Nacional da França/Biblioteca do Arsenal, código: FGP 59, 42 e 44 © Herdeiros de Richardson Saluden.

59,42

9.6.73. J'AI VU

1. J'ai vu un homme qui traversait la rue

2. J'ai vu deux pigeons marchant sur le trottoir

3 J'ai vu un homme qui tenait en laisse un petit chien genre basset

4 j'ai vu une femme qui regardait sa montre

59,44

28.6.73 . J'ai vu le mot "sonnette" écrit en gigantesques lettres blanches sur une péniche amarrée près du Quai de la Gare.

Documento 4

20.7.74
Por volta de 18h45
Chai de l'abbaye[4]

Sábado à tarde. O tempo estava bom. Fui a pé da minha casa[5] em Saint-Germain passando pela rua Saint-Victor, praça Maubert, a rua Frédéric-Sauton, a rua ? e ? (um prédio onde fica a sede de uma associação para a instrução elementar e, na fachada, 4 retratos policromados de desconhecidos),[6] a rua Galande, a rua Saint-Séverin, a rua Saint-André-des-Arts.

Céu bastante claro. Ruas lotadas. Pessoas flanando, passeando, à toa.

Registro de um itinerário de caminhada datado de 20 de julho de 1974, como Perec costumava fazer com frequência (em suas agendas, em folhas soltas ou nos Lieux, *por exemplo). Fonte: Biblioteca Nacional da França/Biblioteca do Arsenal, código: FGP 79, 2, 1 © Herdeiros de Richardson Saluden.*

---

[4] Literalmente "Adega da Abadia", bar-restaurante na rue de Buci, no VIe *arrondissement* de Paris.

[5] Na época, Perec morava há pouco no número 13 da rue Linné, no V[e] *arrondissement.*

[6] Trata-se da Sociedade para a Instrução Elementar, fundada em 1815 e situada no número 8 da rue Lagrange, que continua ali no V[e] *arrondissement* de Paris. Os quatro retratos em questão são dos antigos presidentes da sociedade (Le Roy, Jomard, Francœur, La Rochefoucauld). Os pontos de interrogação de Perec designam provavelmente as ruas Lagrange e Dante.

79,2,1.

20.7.74.
vers 18h45
Chai de l'abbaye

Samedi après midi. Il faisait beau. Je suis allé à pied de chez moi à St Germain en passant par la rue St Victor, Maubert, la rue Frederic Sauton, la rue ? et ? (un immeuble où siège une association pour l'instruction élémentaire avec sur la façade les portraits polychromes d'inconnus, la rue Galande, la rue St Severin, la rue St André des Arts.

Ciel très clair. rues bondées. Flaneurs, promeneurs, glandeurs

Documento 5

Eixos

Algumas das coisas que não entendo, por mais que as suponha elucidadas há muito tempo.

Por que a agulha da bússola indica a direção do norte?

Por que existe essa linha (que não passa por nenhum lugar habitado) onde, se é segunda-feira de um lado, é domingo do outro (ou o contrário)?

Esboço de um texto intitulado "Eixos", não datado, que poderia constituir o início de uma seção de Espécies de espaços *ou se integrar à parte intitulada "Medidas" (uma das mais antigas do livro, pois redigida em sua forma quase definitiva sobre uma página do registro "Choses communes Espèces d'espaces" [Coisas comuns Espécies de espaços], datada de 24 de março de 1973. Fonte: Biblioteca Nacional da França/Biblioteca do Arsenal, código: FGP 79, 2, 2 © Herdeiros de Richardson Saluden.*

79,2,2d.

Axes

quelques unes des choses que je ne comprends pas bien que je les suppose élucidées depuis longtemps –

Pourquoi l'aiguille de la boussole indique t elle la direction du nord

Pourquoi y a t il cette ligne (qui ne passe par aucun lieu habité) où s'il est lundi d'un côté il est dimanche de l'autre (ou le contraire)

Documento 6

À medida que o espaço aumenta
ele nos escapa (?)

Há muitas coisas das quais eu gostaria de falar nesse livro, mas acabei não conseguindo. Por exemplo, eu gostaria de observar *en passant* que Buchenwald era uma cidade grande (havia mais de 100.000 "habitantes" em Buchenwald). A única coisa que se parece com uma cidade e que não é uma cidade, são os campos.

Duas notas em forma de reflexão sobre os "limites" de um pensamento do espaço e, portanto, do livro Espécies de espaços *(neste último caso, significativamente, acerca dos campos de concentração). Fonte: Biblioteca Nacional da França/Biblioteca do Arsenal, código: FGP 79, 11 r° © Herdeiros de Richardson Saluden.*

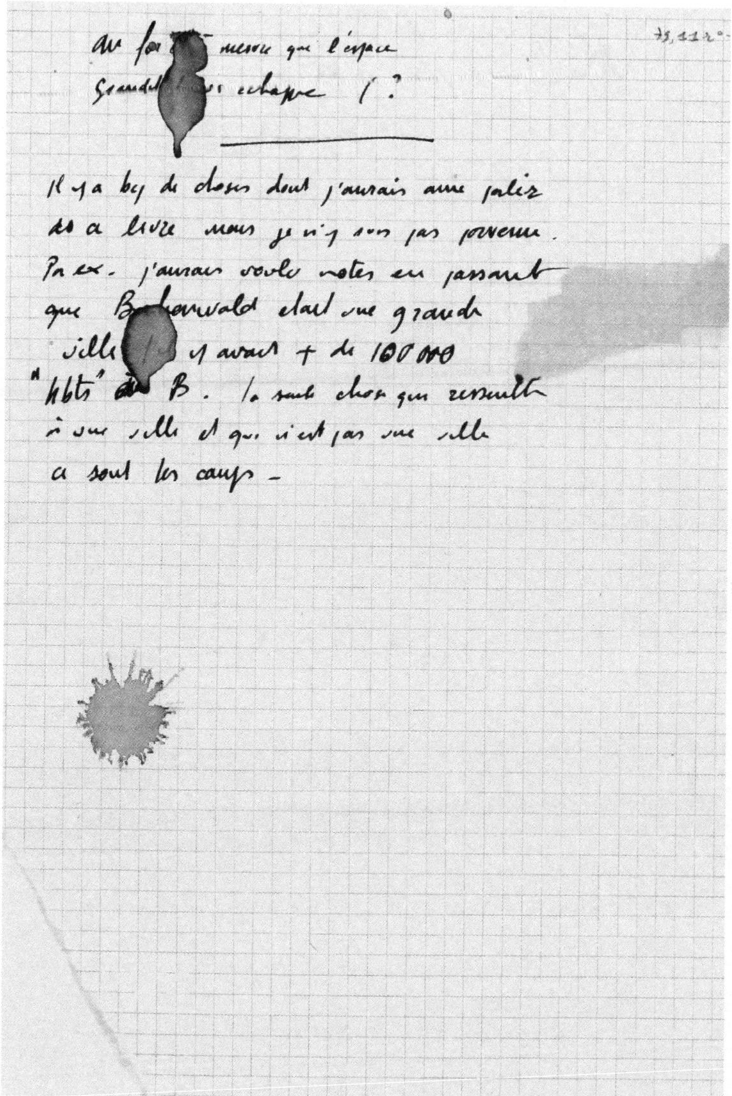

75, 112°-

Au fur et [illegible] mesure que l'espace
grandit [illegible] nous échappe (?

Il y a bcp de choses dont j'aurais aimé parler
ds ce livre mais je n'y suis pas parvenu.
Par ex. j'aurais voulu noter en passant
que B[illegible]uchenwald était une grande
ville (il y avait + de 100 000
"hbts" à B. La seule chose qui ressemble
à une ville et qui n'est pas une ville
ce sont les camps –

Documento 7

Parên
teses
hipó

ESCREVER

Quinta-feira, 18 de agosto, por volta de 22 horas e 15[7]

I can explain [Posso explicar]...

o fato de colocar um papel-carbono, por exemplo
de se decidir, pela primeira vez, me parece, após vários meses, de me sentar à mesa, me instalar diante desta máquina de escrever: é uma máquina, que escreva: a impressão fugiti-

[7] Salvo erro da parte de Perec, a datação situaria esse texto em 1977 (excluídos os outros anos mais próximos de 1973-1974, anos em que *Espécies de espaços* foi escrito, em que 18 de agosto cai numa quinta-feira: 1966 e 1983). Mas se "ESCREVER" está de fato no lugar certo no arquivo de rascunhos de *Espécies de espaços* — algo que determinados aspectos de seu conteúdo levam a pensar, que o aproximam também de *Lieux* ou de textos contemporâneos sobre o infraordinário: o espaço, a observação neutra, os traços... assim como o fato de que tanto o texto datilografado como sua cópia em papel-carbono se encontravam nesse arquivo — então parece mais lógico pensar que ele foi escrito na quinta-feira 16 de agosto de 1973 e que estamos nos havendo aqui com um simples erro de digitação. Aliás, outros aspectos do texto confirmam essa hipótese, particularmente o afastamento da escrita (constatado no início do texto datilografado) durante os dois primeiros terços de 1973 em razão da filmagem de *Um homem que dorme*. Nós respeitamos aqui a disposição "poética" do documento, assim como a ausência de maiúsculas e de pontos, praticada por Perec em certas ocasiões (ver também o documento 9), mas de maneira geral não os erros de digitação que são, certamente, uma componente tematizada mas que pode ser encontrada no fac-símile.

va de que ela poderá seguir o fio do meu pensamento, ir na mesma velocidade que eu (mas eis aí os erros de datilografia chegando)

ficar no nível mais elementar, uma vez mais, não tentar dizer outra coisa ou se observar dizendo (difícil)

retraçar os acontecimentos (a ausência de acontecimentos): as escolhas que não gizemo (fizemos)

certeza de que não vai sair nada daí (como de hábito): mas justamente eu perdi esse hábito, mesmo que só para mim: a escrita começa de fato nesse momento em que se torna possível, óbvio (natural, habitual) escrever, e nem sequer à mão, mas maquinalmente: transformar isso em outra coisa (isso foi refletido, mas mal: negligência imediata: necessidade de trabalho)

PRAZER DO TRAÇO: máquina de escrever: aparelho de gravar, para colocar preto no branco (o branco não interessa a ninguém, finalmente; o preto, a pouca gente)

LUGAR: aqui; TEMPO: agora
ASSUNTO: o espaço (por exemplo)

o problema talvez não seja acreditar ou não acreditar naquilo que se faz (problema conhecido, conhecido até demais, repisado demais, sem solução nos termos em que eu (a gente) o coloco) mas dizer: não, não dizer, nem simplesmente traçar mas

ARQUITETAR?
SUPOR
TENDER, PRETENDER

existe um momento em que essa atividade derrisória, frouxa, sem nenhuma outra energia além da autocomiseração, se abre para outra coisa, o seu contrário (*I can explain*): patente, evidente, a existência (sem nenhum outro pilar além dessa velocidade digital)

Texto datilografado datado de 18/8 [1973?]; esse texto cheio de erros (de digitação) intitulado "Escrever" e subtitulado "Parên/hipó/teses" constitui uma sequência de interrogações sobre a dificuldade de escrever; mas compreende igualmente o esboço de um método infraordinário que será aplicado em Espécies de espaços, *particularmente na parte "Trabalhos práticos" de "A rua, 3" (nisso ele se parece com o texto 30 de Lieux, "Junot, souvenir 2" [Junot, lembrança 2], datado de 28 de março de 1970, ou com um texto inédito de novembro de 1972 intitulado "Apprendre à bredouiller" [Aprender a balbuciar] — que foi publicado parcialmente em* Entretiens, conférences, textes rares, inédits *[Entrevistas, conferências, textos raros, inéditos] com edição de Mireille Ribière e auxílio de Dominique Bertelli, Nantes, Éditions Joseph K., 2009, pp. 902-3). Fonte: Biblioteca Nacional da França/Biblioteca do Arsenal, código: FGP 79, 20 © Herdeiros de Richardson Saluden.*

79,20.

paren thèses
hypo

ECRIRE

Jeudi, 18 août, vers 22 heures 15

I can explain...

le fait de mettre un carbone, par exemple
de se décider, pour la première fois, me semble-t-il, depuis plusieurs mois, de m'attabler, de m'installer devant cette machine à écrire : c'est une machine, qu'elle écrive : l'impression fugitive qu'elle vca pouvoir suivre le fil de ma pensée, allr à la même vitesse que moi (mais voilà es fautes de frappe qui rappliquent)

rester au niveau le plus élémen,taire, une fois de plus, de ne pas tenter de dire autre chose, ou de se regarder dire (difficile)

retracer les évènements (l'absence d'évènements); les choix que l'on n'a pas gait (faits)

certiitude que rien nen sortira (comme d'ahbitude): mais justeent j'ai perdu cette abitude, ne serait-ce que pout moi : l'écriture commence en fait à ce moment où il devient possible, évident (naturzl, habituel) d'écrire, et meêm pas)à la main, mais machinalement: transformer ça en autre choise (ceci a été réfléchi, mais mal: négligence immédiate: necessité du travail)

PLAISIR DE LA TRACE: machine à écrire: appareil à graver , à faire du noir sur blanc (le blanc n'interesse personne, finalement; le noir, peu de monde

LIEU: ici; TEMPS: maintenant
SUJET: l'espace (par exemple)

le poblème n'est peut-être pas de croire ou de ne pas croire à ce que l'on fait (problème co nnu, trop connu, trop rabaché, sans slution dans ls termes où je (on) le pose) mais dire: non, pas idre, ni simplement tracer mais

ECGHAFAUDER ?
SUPPOSER
TENDRE, PRETENDRE

ICI PRETEXTE STOP TEXTE SUIT (???)

il existe un moment où cette activité dérisoire, veule, sans autre énergie que son propre apitoiement, s'ouvre sur autre chose, son contraire (I can explain) : patente, évidente, l'existence (sans autre pilier que cette vélocité digitake)

Documento 8

Nós estamos mergulhados no espaço
O espaço é o prolongamento do nosso corpo
Nós deveríamos dispor livremente do
espaço

Nota isolada sobre a percepção corporal do espaço. Fonte: Biblioteca Nacional da França/Biblioteca do Arsenal, código: FGP 79, 35 © Herdeiros de Richardson Saluden.

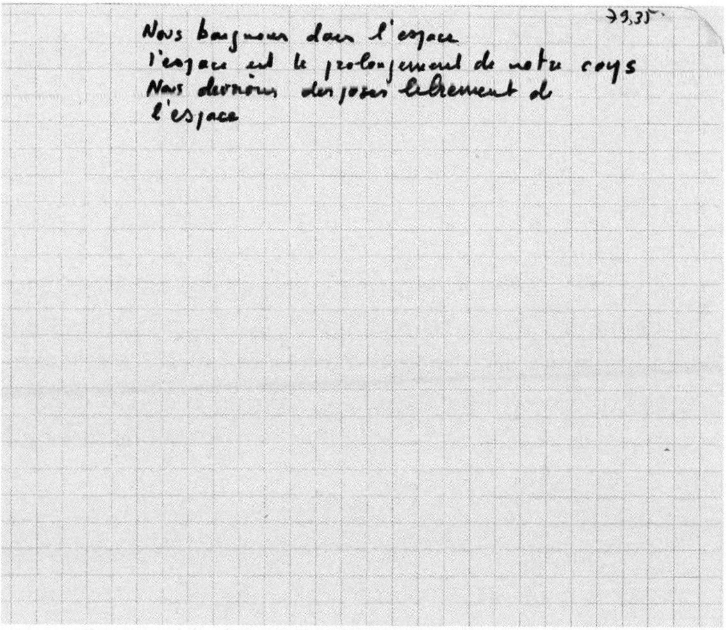
79,35

Nous baignons dans l'espace
l'espace est le prolongement de notre corps
Nous devrions disposer librement de l'espace

Documento 9

O ESPAÇO

O espaço começa onde eu paro

inclusive nos limites inconfortáveis (elásticos e sujeitos a caução) da minha pele, há o meio interior, conceito genial e ignorado, formulado mas não sentido: corpo, extremidades, digitações, apreensão do exterior, do outro, conhecimento, re-conhecimento, os olhos espiões e as mãos pioneiras: cadê você mundo para eu te moldar?

eu olho: hemisfério imperfeito, ilusão do relevo: minha vista tropeça, nada senão obstáculos: um tijolo, um ângulo, um ponto de fuga: aqui começa o espaço, *outside*, *outsider*, explosão digerida, habituada: eu não sou o mundo, existe o eu e outra coisa, descoberta importante, imagem fugidia, espelho

espaço exterior, qualquer que seja: no mais habitável, reconhecível, pode-se partir à sua conquista, pode-se medir, pode-se tocar: toca-se apenas o outro, o resto, o que me é estrangeiro,

por quê?

Texto datilografado intitulado "O espaço" e constituído por outras considerações sobre a percepção corporal do espaço. Fonte: Biblioteca Nacional da França/Biblioteca do Arsenal, código: FGP 79, 37 © Herdeiros de Richardson Saluden.

77,37

L'ESPACF

L'espace commence où je m'arrête

inclus dans les limites inconfortables (elastiques et sujettes à caution) de ma peau, il y a le milieu intérieur, concept génial et ignoré, formulé mais non ressenti: corps, extrémités, digitations, appréhension de l'extérieur, de l'autre, connaissance, re-connaissance, les yeux scouts et les mains pionniers : où es tu monde_ que je te façonne ?

je rgarde: hémisphère imparfaire, illusion du relief: ma vue butte que des obstacles: iune brique, un angle, un)point de fuite: ici commence l'espace, outside, oursider, exclosion digérée, habituée : je ne suis pas le monde, il y a moi et autre chose, importance découverte, image fugitive , miroir

espace extérieur, quel qu'il soit: au plus habitable, reconnaissable, on peut partir à sa conquête, on eut mesurer, on peut toucher: on ne touche que l'autre, le _este, ce qui m'est étranger,

pourquoi ?

Documento 10

Exílio

estar longe do seu riozinho e não ver
o outro, aquele que está bem na sua frente
estar longe de seus fornecedores habituais
sentir falta dos papéis engordurados do bosque de Meudon,
evocar a festa em Neu-Neu, o Luna-Park, os bailinhos
de 14 de julho, o terraço do Lipp, o metrô
aéreo, os bistrôs, Les Halles

Texto não datado intitulado "Exílio", escrito com veia poética, quase lírica. Fonte: Biblioteca Nacional da França/Biblioteca do Arsenal, código: FGP 79, 39, 3 © Herdeiros de Richardson Saluden. [O bosque de Meudon ocupa uma grande área nas imediações de Paris e é muito usado para piqueniques. Os parques de diversão Neu-Neu e Luna-Park são historicamente associados ao lazer popular na primeira metade do século XX. (N. da E.)]

7,39,3d

Exil

être loin de sa petite rivière et ne pas voir
l'autre, celle que l'on a sous ses yeux
être loin de ses fournisseurs habituels
regretter les papiers gras du bois de Meudon
évoquer la fête à Neu-Neu, Luna-Park, les petits
bals du 14 juillet, la terrasse de Lipp, le métro
aérien, les bistros, les Halles

Documento 11

Em determinadas circunstâncias (seria preciso especificar imediatamente) o espaço "ao redor" começa a viver, a existir plenamente.
Na maior parte do tempo, não, ele permanece inerte, inacabado quase, sem força, sem eixos, como se (finalmente) fosse habitado por qualquer um, por qualquer coisa.

[dor do intercambiável]

Nota sobre o "espaço ao redor", talvez intitulada no final como "Dor do intercambiável". Fonte: Biblioteca Nacional da França/Biblioteca do Arsenal, código: FGP 79, 42 © Herdeiros de Richardson Saluden.

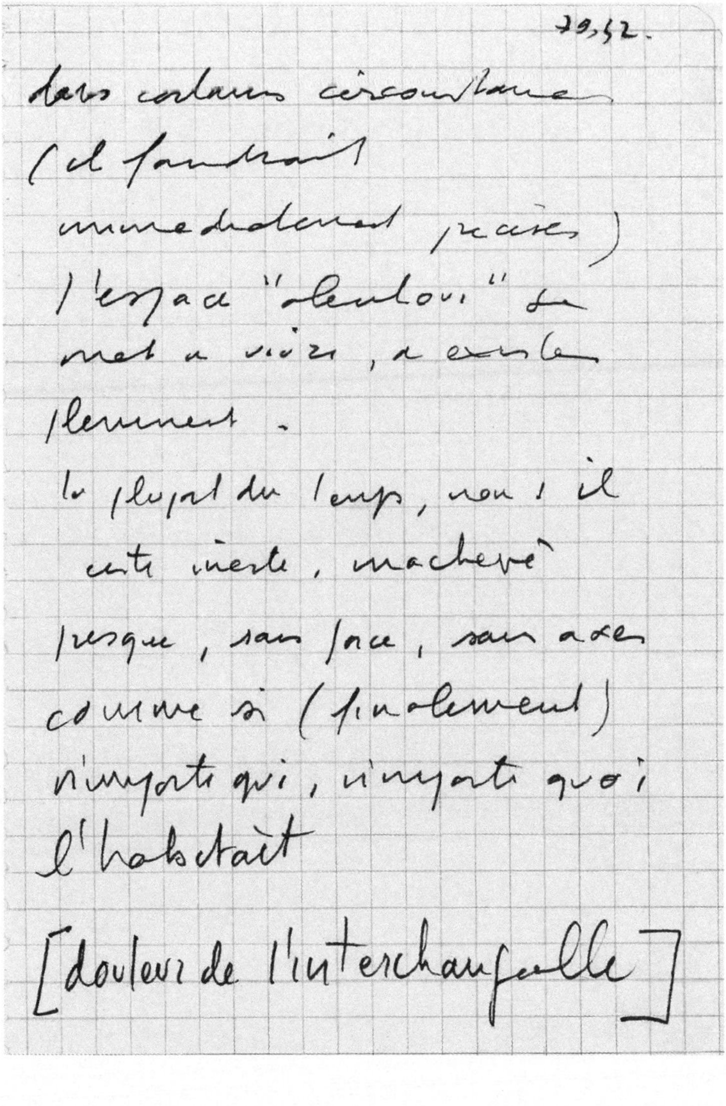
19,52.

dans certaines circonstances
(il faudrait
immédiatement préciser)
l'espace "alentour" se
met à vivre, à exister
pleinement.
la plupart du temps, non : il
reste inerte, inachevé
presque, sans face, sans axes
comme si (finalement)
n'importe qui, n'importe quoi
l'habitait

[douleur de l'interchangeable]

Documento 12

Escrevi a maior parte disso
num
trem, no meio da noite:

No fim das contas, o que se conhece de um país? A que números se chegaria se o medíssemos da maneira mais exata possível

1) o espaço varrido pelo olhar de um homem desde seu nascimento até a morte
2) o número de cm^2 que seus pés tocaram?

Sei que esses números seriam irrisórios, até mesmo para os gulosos de quilômetros.

Anotações feitas em um trem que serão o início de uma passagem da seção "O mundo" ("O que podemos conhecer do mundo..."). Fonte: Biblioteca Nacional da França/Biblioteca do Arsenal, código: FGP 79, 51 © Herdeiros de Richardson Saluden.

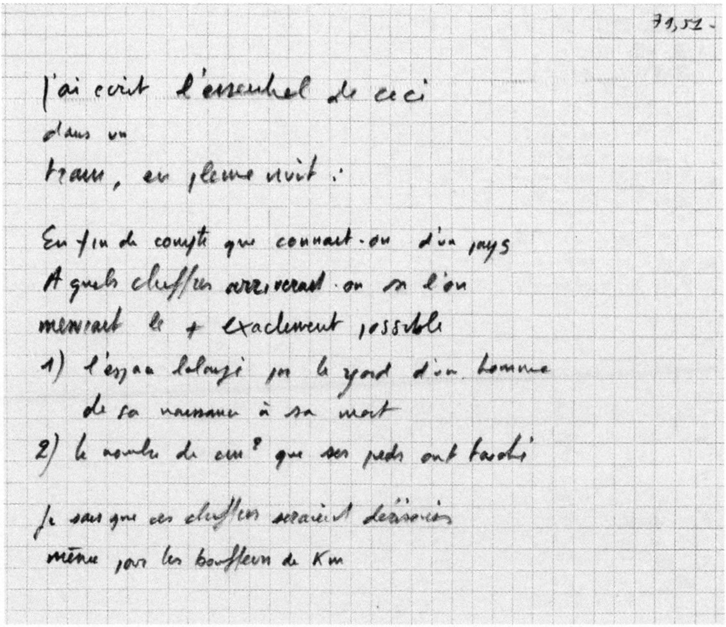

71,52 -

J'ai écrit l'essentiel de ceci
dans un
train, en pleine nuit :

En fin de compte que connaît-on d'un pays
A quels chiffres arriverait-on si l'on
mesurait le + exactement possible
1) l'espace balayé par le regard d'un homme
de sa naissance à sa mort
2) le nombre de cm² que ses pieds ont touché

Je sais que ces chiffres seraient dérisoires
même pour les bouffeurs de Km

Documento 13

A casa
Como farei, eu que não tenho História, para um dia ter uma casa?

Anotação isolada sobre a casa e a História (Espécies de espaços não viria a ter um capítulo sobre a casa). Fonte: Biblioteca Nacional da França/Biblioteca do Arsenal, código: FGP 79, 56, 2 © Herdeiros de Richardson Saluden.

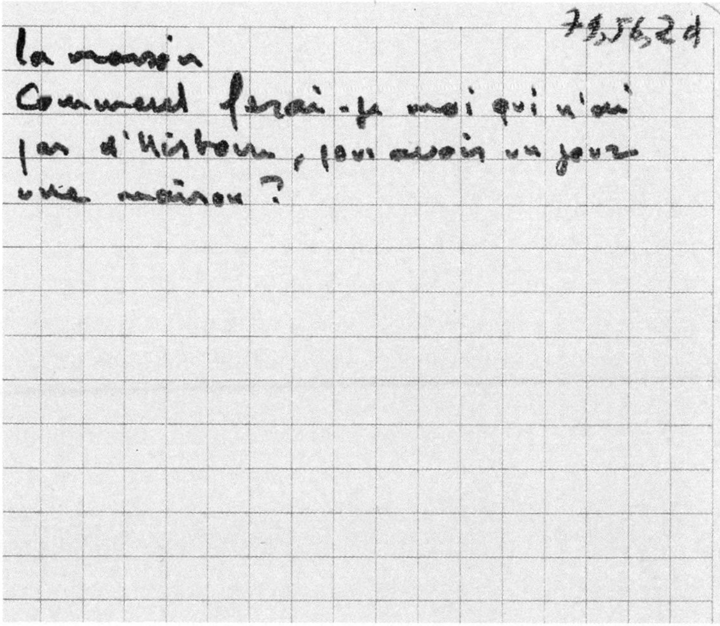

71,5,6,2 d

la maison

Comment ferai-je moi qui n'ai pas d'histoire, pour avoir un jour une maison ?

Documentos 14, 14bis, 14ter e 14quater

[Prólogo]

O objeto deste livro é o vazio: essas extensões imateriais (em princípio) que constituem o exterior do nosso corpo, no meio das quais nós nos deslocamos: o meio ambiente, o espaço. Há os espaços infinitos (aqueles cujo silêncio eterno tem algo de assustador), há os espaços intersiderais, há também outros, mais próximos, as cidades, por exemplo, ou os campos, ou os corredores do metrô, ou então um jardim público. Nós vivemos no espaço e isso nos parece evidente. Talvez isso devesse ser evidente de fato. Mas isso não é evidente, não está na cara, não aconteceu do nada. Achamos natural que existam jardins públicos, corredores de metrô, cidades e campos. Talvez seja natural, afinal de contas, ou racional, como se diz. Aliás, nada nos impede de imaginar ou conceber algo que não fosse nem cidade nem campo, ou então corredores de metrô que fossem também jardins públicos. Nada me impede de imaginar um metrô em pleno campo (eu até já vi uma propaganda sobre esse tema, mas — como dizer? — era no campo da publicidade).

O que é certo, em todo caso, é que em uma época provavelmente distante demais para que qualquer um de nós tenha guardado dela uma lembrança, não existia nada disso: nem túneis, nem jardins, nem cidades, nem campos. O problema não é tanto saber como chegamos até aqui, mas simplesmente reconhecer que chegamos aqui: havia espaço, espaço ao redor, espaço à toda volta e, com o passar do tempo, fizemos desse espaço pequenos pedaços de espaço, e um desses pedaços se tornou corredor, e outro, jardim. Teve um espaço pequeno que começou a crescer e que se tornou Paris, enquanto outro, logo ao lado, contentou-se em continuar sendo Pontoise. E outro ainda, muito maior e vagamente hexagonal, foi cercado por uma grossa linha pontilhada (inúmeros acontecimentos, alguns dos quais particularmente graves, marcaram o traçado desse pontilhado) e foi decidido que tudo aquilo que se encontrava *dentro* da linha pontilhada seria pintado de roxo e se chamaria França (também decidiu-se durante pouco menos de um século chamar de França diversos pedaços situados fora do tal hexágono, mas de maneira geral isso acabou não colando tão bem), e que tudo o que se encontrava *fora* da linha pontilhada seria colorido de maneira diferente e seria chamado de outra maneira.

Enfim, havia espaço e agora também há muito. Não muito mais espaço (pelo contrário, há cada vez menos: nos esbarramos cada vez mais), mas muito mais espaços: grandes pequenos duros e moles hostis e amigáveis. Indiferentes também, e verdes.

Primeira redação do "Prólogo" de Espécies de espaços. *Fonte: Biblioteca Nacional da França/Biblioteca do Arsenal, código: FGP 79, 63 © Herdeiros de Richardson Saluden.*

79,63,12

l'objet de ce livre est le vide : ces
étendues immatérielles (en principe)
qui constituent l'extérieur de notre
corps, au milieu desquelles nous
nous déplaçons : le milieu
ambiant, l'espace. Il y a
les espaces infinis (ceux dont le silence
éternel a quelque chose d'effrayant), il y
a les espaces intersidéraux, il y a
aussi, plus proches, les villes, par exemple,
ou les campagnes, ou bien les couloirs du
métro, ou bien un jardin public. Nous
vivons dans l'espace et cela nous semble
évident. Peut-être cela devrait-il
être effectivement évident. Mais cela
n'est pas évident, ne va pas de soi,
ne s'est pas fait tout seul. Nous
trouvons naturel qu'il y ait des jardins
publics, des couloirs de métro, des

73,63,1v°

villes et des campagnes. Peut-être est-ce
ou rationnel, comme on dit
naturel, après tout. ~~Mais ce qui est~~
~~sûr c'est que ce n'est pas indifférent~~

D'ailleurs Rien ne m'empêche d'imaginer ou de
concevoir quelque chose qui ne serait
ni la ville ni la campagne, ou des
couloirs de métro qui seraient aussi des
jardins publics. rien ne m'empêche
d'imaginer ~~un~~ métro en pleine
campagne (j'ai même vu une publicité
sur ce thème mais – comment dire? –
c'était une campagne publicitaire).
~~Mais ce qui est sûr c'est qu'il existe~~
~~des fonctions, des usages~~ Ce qui est sûr
en tout cas c'est qu'à une époque sans
doute trop lointaine pour qu'aucun d'entre
nous en ait gardé le souvenir, il n'y
avait rien de tout ça : ni couloirs, ni
jardins, ni ville, ni campagne. Le

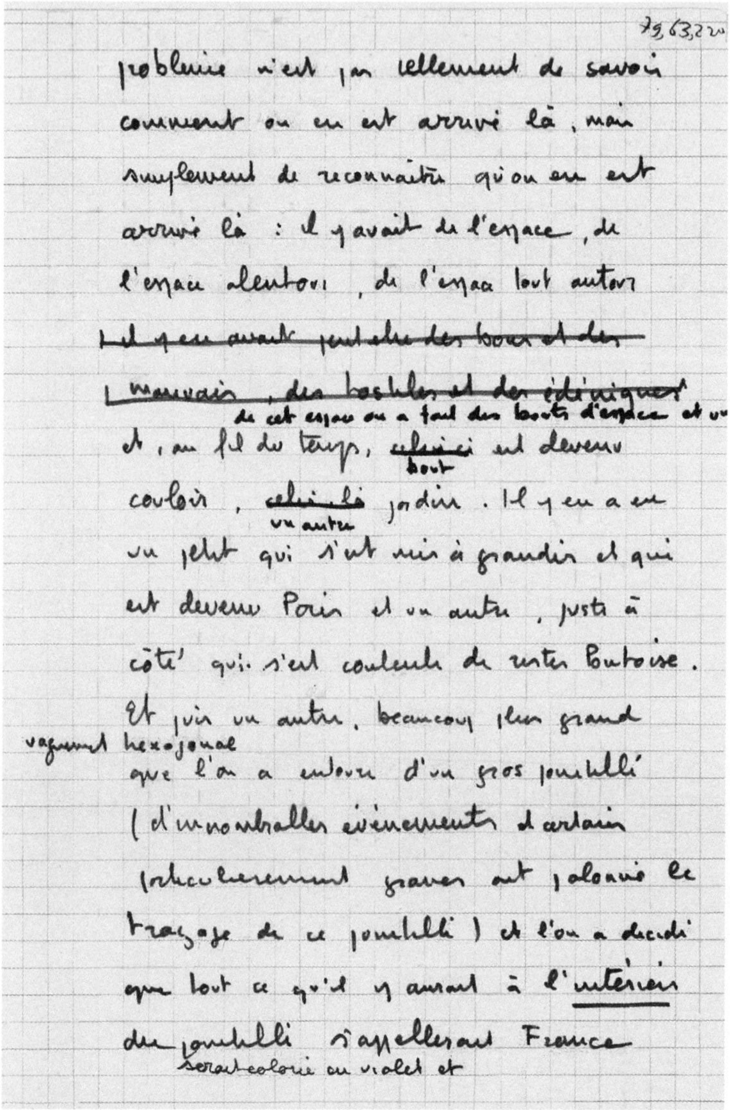
79,63,220
problème n'est pas tellement de savoir
comment on en est arrivé là, mais
simplement de reconnaître qu'on en est
arrivé là : il y avait de l'espace, de
l'espace alentour, de l'espace tout autour
~~il y en avait peut-être des bons et des~~
~~mauvais, des habitables et des édéniques~~
de cet espace on a fait des bouts d'espace et un
et, au fil du temps, ~~celui-ci~~ bout est devenu
couloir, ~~celui-là~~ un autre jardin. Il y en a eu
un petit qui s'est mis à grandir et qui
est devenu Paris et un autre, juste à
côté qui s'est contenté de rester Pontoise.
Et puis un autre, beaucoup plus grand
vaguement hexagonal
que l'on a entouré d'un gros pointillé
(d'innombrables événements, certains
particulièrement graves ont jalonné le
traçage de ce pointillé) et l'on a décidé
que tout ce qu'il y aurait à l'intérieur
du pointillé s'appellerait France
serait colorié en violet et

72.63.2 v° d

pendant un peu – d'un siècle
d'appeler F divers ~~morceaux~~

(on l'a aussi décidé ~~pour divers autres~~
solver . du del hexagone
~~morceaux~~ à l'extérieur mais en

général ça a bcp – bien tenu)

et que tout ce qui serait à l'extérieur
~~serait~~ colorié d'une façon différente et
s'appellerait autrement

~~((On bien sûr cela est stupide, mais~~

~~rien)~~

bref il y avait l'espace et il y en a

maintenant bcp. Pas beaucoup plus

d'espace (au contraire, il y en a de

– en – : on se cogne de + en +)

mais bcp plus d'espaces : des grands des

petits des durs et des mous des hostiles

et des amicaux. Des indifférents aussi,

et des verts.

Documento 15

Descobrir um apartamento ao pintá-lo: cantos, recantos. Pintar: passar por toda parte, depositar seu rastro acrílico sobre toda a superfície.

História filogenética
No metrô. Um primata pergunta a um hominídeo: "Você desce na estação vertical?"

Preparar uma mudança, inventário de sua fortuna: tudo aquilo com que nos entulhamos voluntariamente: por que guardar um livro, uma carta, um boleto velho? Vertigem da conservação, terror do esquecimento (da morte): civilização encapsulada em sua história.
As coleções de objetos.

Duas reflexões e uma história engraçada. Fonte: Biblioteca Nacional da França/Biblioteca do Arsenal, código: FGP 79, 87, 5 © Herdeiros de Richardson Saluden.

79, 87, 5.

découvrir un appartement en le peignant : coins, recoins,
peindre : passer partout, déposer sa trace acrylique sur
tte la surface
Histoire phylogénétique
Dans le métro. Un primate demande à un hominien :
"Vous descendez à la station verticale ?"

Préparer un déménagement, inventaire de sa fortune : tout ce dont on
s'encombre volontairement : Pourquoi garder un livre, une
lettre, une vieille quittance : vertige de la conservation, terreur
de l'oubli (de la mort) : civilisation enkystée dans son
histoire
les collections d'objets

SOBRE O AUTOR

Filho único de imigrantes judeus poloneses que chegaram a Paris nos anos 1920, Georges Perec nasceu em 7 de março de 1936, num bairro operário da capital francesa. Em 1940, seu pai, Icek Judko, que se alistara como voluntário nas tropas francesas, morre em combate. Em 1942, para poupar o filho da perseguição nazista, sua mãe, Cyrla Schulewicz, o coloca num trem da Cruz Vermelha destinado à *zona livre*. Em janeiro do ano seguinte, ela é detida e deportada para Auschwitz, de onde não retorna. Perec será formalmente adotado por tios paternos em 1945 com o sobrenome original, Peretz, "afrancesado" para Perec. Os temas da errância e da dispersão, assim como a ambivalência entre a identidade judaica e a assimilação francesa, ecoariam em obras como *W ou a memória da infância* (1975) ou *Ellis Island* (1995).

Durante a adolescência lê Joyce, Kafka, Queneau, entre outros, e começa a escrever. De 1954 a 1956, estuda história e sociologia na Sorbonne, mas abandona os cursos sem concluí-los. Nesse período publica críticas literárias em *La Nouvelle Revue Française* e artigos políticos em revistas como *Partisans* e *Cause Commune*. Em 1958, alista-se como paraquedista no exército; após a desmobilização, casa-se com Paulette Petras e passa um ano na Tunísia, onde ela leciona. No início dos anos 1960, segue os cursos de Roland Barthes em Paris, determinantes para a composição de seu romance de estreia, *Les Choses* [*As coisas*, 1965], que lhe rendeu o Prêmio Renaudot e chamou para si a atenção do meio literário.

Com um salário modesto, trabalhou de 1961 a 1978 como arquivista no laboratório de neurofisiologia do CNRS, o Centro Nacional de Pesquisa Científica. O ofício consistia em fazer classificações, inventários e catalogar dados científicos, o que não deixava de ter forte afinidade com sua escrita. Em 1967, ingressou no Oulipo (Ouvroir de Littérature Potentielle), o grupo de pesquisa e criação poética fundado por Raymond Queneau e François Le Lionnais. Nesses anos, publica *La Disparition* [*O sumiço*, 1969], romance policial escrito sem a letra "e", metaforizando o apagamento de seus pais (*père* e *mère*), e *Les Revenentes* [*Qe regressem*, 1972], o qual, como contraponto lúdico, emprega apenas o "e" como vogal. Paralelamente, escreve roteiros para rádio e cinema — será, ao lado de Bernard Queysanne, um dos realizadores do filme *Un homme qui dort* [Um homem que dorme, 1974] — e cria palavras cruzadas para a revista *Le Point*. Em 1978, lança *La Vie mode d'emploi* [*A vida modo de usar*], espécie de caleidoscópio narrativo, no qual aplica regras combinatórias para contar histórias que se passam num edifício parisiense. Considerado uma das grandes invenções literárias de sua geração, o livro venceu o Prêmio Médicis e garantiu a independência financeira do escritor.

Além de *Espécie de espaços* (1974), Perec compôs um grande número de obras que escapam à classificação, como *La Boutique obscure* [A loja obscura, 1973], em que narra 124 sonhos, ou *Je me souviens* [Eu me lembro, 1978], que enfileira 480 fragmentos iniciando com a fórmula "Je me souviens", ou, ainda, *Cantatrix sopranica L.* (1991), um pastiche de literatura científica, publicado postumamente, no qual estuda o efeito do arremesso de tomates maduros na performance musical de uma cantora de ópera.

Georges Perec faleceu em 3 de março de 1982, em Ivry-sur-Seine, França, dias antes de completar 46 anos. Traduzida para dezenas de línguas, sua obra conquistou um largo círculo de admiradores em todo o mundo, atuantes nos mais diversos campos da ciência e das artes. Sete meses após a sua morte, um asteroide que se move entre as órbitas de Júpiter e Marte foi registrado com o nome de Georges Perec.

SOBRE O TRADUTOR

Daniel Lühmann nasceu em Poços de Caldas, MG, em 1987, e é formado em Letras pela Faculdade de Filosofia, Letras e Ciências Humanas da Universidade de São Paulo e mestre em estudos coreográficos pela Université Paul Valéry/ICI-CCN em Montpellier, França. Como dançarino e coreógrafo, dedica-se às interações entre texto e movimento. Como tradutor, assinou versões de autores como Daniel Arasse, Monique Wittig, Claude Cahun, Nastassja Martin e Paul B. Preciado, entre outros. Também desenvolve um trabalho autoral de escrita.

Este livro foi composto em Sabon, pela Franciosi & Malta, com CTP e impressão da Edições Loyola em papel Pólen Natural 80 g/m² da Cia. Suzano de Papel e Celulose para a Editora 34, em setembro de 2025.